本书获内蒙古财经大学学术专著出版基金资助

国家治理视角下
公共财政应急机制研究

安　锦◎主　编

Research on Fiscal Emergency Mechanism from the Perspective of State Governance

中国财经出版传媒集团
中国财政经济出版社
·北京·

图书在版编目（CIP）数据

国家治理视角下公共财政应急机制研究 / 安锦主编；徐跃等副主编. -- 北京：中国财政经济出版社，2025. 2. -- ISBN 978 - 7 - 5223 - 3756 - 2

Ⅰ. F812. 2

中国国家版本馆 CIP 数据核字第 20258NR235 号

责任编辑：庄　莉　　责任校对：张　凡

封面设计：孙俪铭　　责任印制：史大鹏

国家治理视角下公共财政应急机制研究

GUOJIA ZHILI SHIJIAOXIA GONGGONG CAIZHENG YINGJI JIZHI YANJIU

中国财政经济出版社 出版

URL：http：//www. cfeph. cn

E - mail：cfeph@ cfeph. cn

社址：北京市海淀区阜成路甲 28 号　邮政编码：100142

营销中心电话：010 - 88191522

天猫网店：中国财政经济出版社旗舰店

网址：https：//zgczjjcbs. tmall. com

涿州汇美亿浓印刷有限公司印刷　各地新华书店经销

成品尺寸：170mm × 240mm　16 开　15. 5 印张　188 000 字

2025 年 2 月第 1 版　2025 年 2 月河北第 1 次印刷

定价：68. 00 元

ISBN 978 - 7 - 5223 - 3756 - 2

（图书出现印装问题，本社负责调换，电话：010 - 88190548）

本社图书质量投诉电话：010 - 88190744

打击盗版举报热线：010 - 88191661　QQ：2242791300

编 委 会

前言

在我国，自然灾害、事故灾难、公共卫生事件以及社会安全事件等重大突发事件时有发生，这些事件对社会的和谐稳定以及高质量发展的大局构成了重大威胁，需要采取应急处置措施予以应对，如近年来暴发的新冠疫情、沿海地区台风、京津冀地区暴雨洪涝灾害、黄河流域水旱灾害等。由于突发公共事件对经济社会运行秩序造成的冲击很难通过市场机制有效解决，因此需要政府干预来防范化解突发公共事件造成的危机。应急处理必须由政府统一指挥和综合协调，这需要各相关方面乃至全社会成员的通力合作和共同努力，才能合理且妥善地处理，将危害降至最低程度。新中国成立以来，党和国家始终高度重视突发事件应对工作，突发事件应对制度体系不断健全完善，应对自然灾害、事故灾难、公共卫生事件等在内的各类突发事件的能力不断提高，成功地处理了一系列重大紧急事件，有效地解决了众多重大的安全风险，从解决温饱到全面小康，从防灾减灾救灾到抗击新冠疫情，无一不是党和国家与人民同呼吸、共命运、心连心的生动写照。为了适应新形势新任务，2024 年 6 月 28 日，十四届全国人大常委会第十次会议高票通过修订后的《中华人民共和国突发事件应对法》。本次修订坚持人民至上、生命至上理念，完善了突发事件应对的治理体系，规范了媒体、社会组织、公民等依法有序参与，加强了基本人权保障，有助于推动法律的制度优势转化为治理效能，提高防灾减灾救灾和重大突发公共事件处置保障能力，加快在法治轨道上推进应急管理体系和能力现代化。

财政是国家治理的基础和重要支柱，是应对重大突发事件的主力军。财政在应对重大突发事件的防治过程中，充分展现了我国社会主义制度的优越性。但是我国目前的重大突发事件财政应急机制依旧需要进一步完善，国家治理能力仍需要进一步提高。本书一改过去从经济视角研究财政、从管理视角研究应急管理的做法，选择了从政治学、管理学、经济学三者相结合的跨学科视角来进行研究，以重大突发公共事件财政应急机制为研究对象，结合国家治理、重大突发事件、财政应急管理的相关理论，研究我国财政应急机制的整体实施效果与存在的问题，并借鉴国外财政应急管理的经验，提出了完善我国财政应急机制的策略。

第一，阐述了基于国家治理视角的财政应急理论基础。主要运用文献分析法介绍了国家治理、重大突发事件、财政职能、应急管理等相关概念，对治理理论、风险社会理论、公共产品理论、危机管理理论进行了论述，最后指出了政府应急财政介入重大突发事件的必要性。

第二，分析了我国重大突发事件财政应急机制的框架内容与整体实施效果。框架内容主要有财政应急日常运行机制、预警防范机制、灾时处置机制、恢复重建机制以及监督评估机制。我国重大突发事件财政应急机制已经建立且运转良好，整体实施效果较好。

第三，以“新冠肺炎疫情”事件为例，对财政应急机制的有效性进行评估。在遵循SMART评估原则的基础上运用层次分析法（AHP）建立了“三层叠加，逐级收敛”的评估指标体系，并利用矩阵计算每一项指标的权重，从而对财政应急机制应对COVID－19的有效性展开了评估，最后从法律法规、应急物资储备、预警监测、权责划分、财力分担、资金监督、基层困境等方面指出了我国重大突发事件财政应急机制存在的问题。

第四，总结了国外重大突发事件财政应急管理的经验与启示。主要运用比较分析的方法分析了一些发达国家在财政应急管理方面的做法，如应急法律体系完备、应急资金储备制度完善、央地财政事权与支出责任清晰、多层次的风险分担机制明确、财政监督与评价制度严格等，但一些国家党派斗争、制度原因导致运行机制受阻的教训也值得我们深思。

第五，从国家治理视角提出了完善我国重大突发事件财政应急机制的策略。具体包括：增强财政应急日常运行机制，推进国家治理科学化；完善财政应急预警防范机制，推进国家治理系统化；强化财政应急灾时处置机制，推进国家治理规范化；健全财政应急恢复重建机制，推进国家治理协调化；改进财政应急监督评估机制，推进国家治理高效化；经费纳入地方政府财政预算，推进国家基层治理现代化。

目录

第一章 引言

一、研究背景与意义
二、文献综述
三、研究内容、思路与方法
四、可能的创新与不足

一、研究背景与意义

（一）研究背景

人类社会自产生起到现在，发生了诸多重大突发事件。重大突发事件特指那些突如其来、可能引发或已经造成严重社会影响的事件。这类事件涵盖自然灾害、事故灾难、公共卫生事件以及社会安全事件，它们要求我们立即采取紧急应对措施进行处理。这些事件往往具有突发性、复杂性、不确定性和高风险性等特点，给人类生命财产安全、社会稳定和国家安全带来严重威胁。我国是世界上重大突发事件发生较严重的国家之一，并且类型多样、次数频繁。重大突发事件的发生不仅严重阻碍了我国社会经济的发展，也给人民群众的生命财产安全带来了巨大的损失。进入21世纪以来，我国遭遇了一系列重大突发事件，包括2003年的非典型性肺炎（SARS）疫情、2008年南方罕见的雪灾、汶川大地震以及全球金融危机、2010年青海玉树地震、2012年重庆万盛的群众聚集事件、2013年雅安地震、2018年强台风“山竹”带来的破坏、2019年新冠疫情（COVID－19）、2021年郑州“7.20”特大洪水灾害，以及2023年第5号台风“杜苏芮”引发的严重暴雨、洪涝、滑坡和泥石流灾害等。特别是新冠疫情，作为新中国成立以来传播速度最快、影响范围最广、防控难度极大的重大突发事件，其影响深远。

重大突发事件给个人、家庭、社会造成了严重后果和恶劣影响，人民群众的生命以及财产安全受到严重威胁，仅仅依靠市场的力量无法满足个人、家庭以及社会的需求，必须靠政府来弥补市场机制的缺陷。随着现代化进程的不断推进，重大突发事件不断涌现成为现代社会发展过程中的突出特点，重大突发事件治理日益成为政府主导的重要治理内容。财政是国家治理的基础和重要支柱，是政府对重大突发事件进行应急响应的物质基础与财力保障，是对受灾地区与群众进行兜底保障的最重要手段。创新重大突发事件财政治理，充分发挥重大突发事件财政治理的价值属性，使财政成为国家重大突发事件治理体系的重要组成部分，为国家治理体系和治理能力现代化保驾护航。财政作为国家治理现代化的基石，在应急管理领域发挥着至关重要的作用。在现代社会，社会环境经历了巨大的变革，社会结构也与以往大相径庭。无论是组织结构、人口结构还是就业结构，都呈现出新的特征。当出现重大疫情时，社会经济的受影响范围会越来越大，社会风险也越来越高，因此，更需要建立健全财政应急机制，从而对社会经济筑起一道防护墙。在应对众多重大突发事件时，财政部门既提供了一系列应急物品与应急资金解救灾情，又出台了众多政策助力经济社会恢复重建，对战胜各类突发事件起到了至关重要的作用，却也存在不足，暴露出财政应急机制的诸多问题。社会稳定与否关系着一个国家的长治久安，也影响着经济的发展。在社会活动中，社会公民最根本的需求就是公共安全，只有公共安全才能开展所有的社会活动。在重大突发事件来临之时如何采取最有效的方法来应对，如何最大限度地减少人民的生命财产损失，如何以最短的时间恢复经济社会秩序，如何以人民为中心建立一个健全的重大突发事件应对机制，这些急需解决的问题成了当前重大突发事件财政应急管理的主要任务。

（二）研究意义

1. 理论意义

“国家治理体系和治理能力现代化”的构建与提出，体现了中国共产党对现代化进程的高度重视和不懈探索，标志着党对现代化认识的最新成就，被誉为现代化进程中的“第五化”。应急管理是国家治理体系和治理能力的重要组成部分，而财政是国家治理的基础和重要支柱，是应对重大突发事件的主力军，也是应急管理工作顺利开展的坚强后盾。目前我国的财政应急管理研究还不够成熟，同时，很多学者的研究只局限在了财政的视角，而没有上升到国家治理的高度。本书以重大突发公共事件为背景，将“国家治理—应急管理—财政应急机制”纳入统一的研究框架，进行全方位深层次多角度的研究，不仅是国家治理研究方向的细化，也是应急管理、财政政策机制研究的细化。综合政治学、管理学、经济学、社会学等理论视角对我国重大突发事件财政应急机制的现状及问题进行分析。对于进一步完善当前比较流行的公共风险财政理论、深化财政应急管理理论具有重要的理论意义。此外，汲取国际上一些国家在财政应急机制方面的成功经验，对于我国完善财政应急机制、提升财政应急效率具有一定的理论价值。

2. 实际意义

从财政角度探讨应急机制，是对应急管理更为细化的研究。重大突发公共卫生事件的频频出现，不断冲击和考验着我国财政的应急管理能力，我国必须推出完善的财政应急机制才可以有效地应对众多突如其来的风险。本书以重大突发事件为研究对象，从我国国情出发，运用财政、国家治理、应急管理等方面的理论成果，借鉴国外经验，对应对重大突发事件的财政应急机制进行研究，为解决财政“如何给钱？钱从何来？央地如何分担”的实际难题以及进一步完善重大突发事件财政应急机制，统筹重大突发事件与经济社会发展，推动财政保障落实《中华人民共和国突发事件应对法》，最大限度地保障了人民的生命安全和身体健康，推动经济高质量发展具有重要的现实意义。

二、文献综述

（一）国外文献综述

国外学者对应急管理内容的研究比较早，欧美等国家的政府工作者、学者以及相关人士在20世纪六七十年代便对应急管理的相关问题展开了研究。国外学者对应急管理的研究主要集中在三个方面。

一是对于应急管理理论的研究。美国联邦应急管理署（FEMA，1980）认为应急管理是“有组织地分析、规划、决策与调配可利用的资源，针对所有危险的影响而进行的减缓、准备、响应与恢复”；罗森塔尔（Uriel Rosenthal，1989）等几位学者据不同情况，阐述了不同形式危机管理的共同点以及应对方式方法的异同点；这些情况主要包括：地震灾害、火灾、化学毒药等，德拉贝克（Drabek，1998）与霍特莫（Hoetmer，1998）将应急管理定义为一种学科与职业，“它应用于科学技术、规划与管理来应对极端事件，这些极端事件可能会导致多人伤亡，对财产造成损失，扰乱社会生活”。

二是对应急管理机制的研究。英国学者胡德的论文集《偶然事件与设计：当代关于风险管理的争论》（1985）论证了公共危机的治理具备公共物品或准公共物品的性质特征，指出政府管理机制不可或缺；① 侯特玛（Hoetmer，1997）认为突发事件必须构建国家法律保障机制，由专门批准的部门向公众宣布；兰德玛（Landesma，2001）认为超出一定范围，按照事前制定的有关预案和经验无法有效应对突发事件时，应立即启动应急机制，使用非程序化的解决方案去应对突发事件。②

三是对突发事件中财政应急管理的研究。司格乐（Cigler，1998）认为：“财政应急管理应该是一个对政策进行不断完善同时对计划加以实施的过程，它的目的在于不让人们的生命财产受到自然风险或人为风险，同时采取措施应对这些风险。”③ 克里斯马特（Crismart，2005）、埃瑞克·斯德恩（Eric Stern，2004）、本特·森德里斯（Bengt Sundeliu，2005）等人则对财政应急管理过程中政府职责问题进行了深入研究。④⑤ 美国中佛罗里达大学奈姆·卡普库等（Naim Kapucu，etc，2010）认为财政应急机制是应对突发事件的有效屏障，不仅在灾难发生时起到关键性作用，

---

① Hu de. Contingency and Design：Contemporary Debates on Risk Management [C]. Oxford University Press，1985：50 - 150.

② Landesma. Crisis Management for Managers and Executives [M]. Financial Times Professlona，2001：46.

③ Cigler Beverly. An Emergency and Public Administration [M]. Thomas Publisher，1998：59.

④ Crismart HD. Opportunity Cost - based Models for Traffic Incident Response Problem [M]. Journal of Transportation Engineering，2005：40 - 96.

⑤ Bengt Sundeliu. A Network Flow Approach to a City Emergency Evacuation Panning [M]. International Journal of Emergency，2005：59 - 108.

也可以在突发事件发生前起到预防作用，只有做好事前预警，才能在灾难发生时最大限度的降低损失。① 多伦多大学医学科学研究所罗杰·S. 麦金太尔和李叶娜（Rogers Mclntyre、Yena lee，2020）认为在新冠疫情暴发的大背景下，制定合理有效的财税政策，给予企业适当的财政补贴和税收优惠，一方面能够有效提升财政应急机制效能，另一方面对减少疫情背景下失业的大规模增加和劳动力市场的收缩至关重要。② 阿肯色大学帕克哲贤、罗伯特·C. 理查德萨和俄克拉何马大学贾斯汀·里德（Chul Hyun Parka、Robert C. Rjchardsa、Justin Reedy，2022）提出建立财政应急信息共享机制，一方面有助于公众及时了解危机状况，更好地配合政府的应急措施；另一方面有利于公众了解财政资金流向，及时对政府行为进行监督，促进政府应急效能的提升。③

（二）国内文献综述

我国关于应急管理的研究起步算是较晚的，研究时间不长，对财政应急管理理论的研究时间更短，主要集中在以下几个方面。

一是对危机理论的研究。我国理论界最早研究的是国际政治领域的危机管理理论。1989 年，上海社会科学院潘光教授发表了

① Kapucu，Naim，Arslan，et al. Collaborative emergency management and national emergency management network [J]. Disaster Prevention and Management，2010，19（04）：452－468.

② S R M，Yena L. Preventing suicide in the context of the COVID－19 pandemic [J]. World psychiatry：official journal of the World Psychiatric Association（WPA），2020，19（02）：250－251.

③ Hyun C P，C. R R，Justin R. Assessing Emergency Information Sharing between the Government and the Public during the COVID－19 Pandemic：An Open Government Perspective [J]. Public Performance & Management Review，2022，45（04）：828－859.

我国第一部有关于国际危机的专著——《当代国际危机研究》，该专著深入地探索了国际危机学理论在中国的应用和发展；1994年魏加宁发表了论文《危机与危机管理》，该文章具体论述了危机管理理论的产生背景、危机管理的方法原则、危机中的决策机制等内容；1997年，许文惠、张成福主编的《危机状态下的政府管理》一书对突发公共事件的危机管理做了全面、系统的研究，该成果标志着我国对危机理论的研究从国际领域转向了国内领域。

二是对应急管理机制的研究。薛澜、张强、钟开斌在《危机管理—转型期中国面临的挑战》（2003）一书中运用大量的案例来从时间序列、组织行为、决策过程三个层面详细介绍了危机管理的整个过程，并且对美国、日本等国的危机管理经验进行了介绍。郭虹、庄明等编著的《NGO参与汶川地震过度安置研究》（2009），朱建刚、卜超、胡明编著《责任行动合作—汶川地震中参与个案研究》（2009）以及边慧敏、王振耀、王浦勒、冯燕主编的《灾害应对中的社会管理创新》（2011）均对政府指导救灾，社会力量与政府合作救灾以及国外经验借鉴等方面进行了详细论证分析。

三是对我国应对重大突发事件财政应急机制的研究。一方面是财政应急管理体系框架的研究。刘尚希、陈少强在《构建财政应急反应机制》（2003）一文中认为，应对重大突发事件的财政应急反应机制主要涉及四个系统，分别是目标系统、财政应急决策系统、财政应急动员系统、财政应急反馈系统，这是国内在财政应急管理方面开创性的研究成果。① 赵要军和陈安在《财政应

① 刘尚希，陈少强．构建财政应急反应机制［J］．财政研究，2003（08）：15－20.

急支持体系构建》（2008）一文中认为财政应急机制的构建要反映系统论的思想，财政应急机制应包括常态运行机制和非常态运行机制。① 苏明等人在《我国加强公共突发事件应急管理的财政保障机制研究》（2008）提出突发事件应急管理需要财政保障机制的支持，保障的前提是合理划分中央和地方事权，严格界定政府和市场的界限，规范资金投入环节，科学配比资金投入。② 在郑洁于2013年发表的《突发公共事件的财政应急管理机制研究》一文中，她提出财政应急管理机制的框架涵盖了四个主要方面：推进机制、调控机制、效率提升机制以及绩效评估机制。③ 夏杰长及其同事在《加快构建应对突发公共事件的财税管理机制》（2020年）中提出，财税应急管理机制构成了突发事件应急管理体系的核心，它在很大程度上决定了应对突发事件的治理效率。④

另一方面是我国在应对重大突发事件时财政应急管理现状以及存在问题的研究。马海涛和安秀梅在《SARS考验中国财政免疫力》（2003）一文中以2003年暴发的非典疫情为研究对象，分析了我国财政在应对突发性公共事件中所出现的问题，探讨了构建重大突发事件财政应急机制的具体做法。赵要军和陈安在《财政应急支持体系构建：以云南大姚地震为例》（2008）一文中对2003年云南大姚地震中的财政应急支持过程作了具体

① 赵要军，陈安．财政应急支持体系构建：以云南大姚地震为例［J］．西北地震学报，2008（02）：113－116.

② 苏明，刘彦博．我国加强公共突发事件应急管理的财政保障机制研究［J］．经济与管理研究，2008（04）：5－11.

③ 郑洁．突发公共事件的财政应急管理机制研究［J］．财经问题研究，2013（04）：77－82.

④ 夏杰长，蒋励佳，李秋正．加快构建应对突发公共事件的财税管理机制［J］．经济研究参考，2020（09）：59－67.

回顾，进而分析了财政在应对地震类重大突发事件时存在的不足，提出了完善我国财政应急支持体系的具体建议。刘荣和陈华（2008）、宋之杰和陆静（2009）、郭俊华和程琼（2009）都是以汶川地震为出发点，探讨了如何构建财政应急反应机制。2019 年末，新冠疫情出现以后，众多学者又对此问题纷纷展开了财税研究，主要有《防控“新冠肺炎”疫情的财税政策研究》（朱青，2020）、《新冠肺炎疫情后中国应对突发公共卫生事件的财政政策思考》（刘成奎，2020）、《疫情冲击下我国的财税政策》（白彦锋，2020）、《新冠肺炎疫情防控的财税对策研究》（蔡昌等，2020）①、《新冠疫情折射下的我国应急财政管理制度》（冯俏彬，2020）②、《新型冠状肺炎疫情下公共财政应急机制研究》（夏诗园，2020）③、《新冠疫情下减税降费政策对财政经济运行的影响——以黑龙江省为例》（赵孟鑫、李维娜，2021）④、《新冠疫情背景下我国积极财政政策效应研究——基于江苏 1.6 万份企业问卷数据的多元回归分析》（尹旭、吉星、吴琼，2022）⑤、《突发公共卫生事件应急财政保障机制研究——以新冠疫情防控

---

① 蔡昌，徐长拓，王永琦. 新冠肺炎疫情防控的财税对策研究［J］. 税收经济研究，2020，25（02）：10－19.

② 冯俏彬. 新冠疫情折射下的我国应急财政管理制度［J］. 财政科学，2020（04）：14－20.

③ 夏诗园. 新型冠状肺炎疫情下公共财政应急机制研究［J］. 北方金融 2020（11）：3－7.

④ 赵孟鑫，李维娜. 新冠疫情下减税降费政策对财政经济运行的影响——以黑龙江省为例［J］. 北方经贸，2021（11）：81－83.

⑤ 尹旭，吉星，吴琼. 新冠疫情背景下我国积极财政政策效应研究——基于江苏 1.6 万份企业问卷数据的多元回归分析［J］. 地方财政研究，2022（02）：30－40.

为例》（韩晓萃，2023）① 等，这些学者在文章中都以新冠肺炎疫情为例，对我国财政应急管理制度及财税政策展开了研究，并提出了完善建议。

值得一提的是，在2018年新冠疫情暴发之前，全国政协委员、中国财政学会副会长兼秘书长、中国财政科学研究院党委书记院长刘尚希教授在“新时代中国特色社会主义财政基础理论研讨会”的廊坊会议上就已经提出“新财政学应以风险社会为背景，以公共风险作为逻辑起点”“新财政学应基于行为主义分析公共风险的产生和治理机制”的理论，具有一定的前瞻性。之后在泰安会议、长沙会议、南昌会议等场合多次研讨，引起了财政学界的极大热情，但是仅限于新时代中国特色财政理论研讨，并没有形成有效的政策方案和框架。2024年他作过题为“基于风险逻辑的中国财政学”的主旨演讲，并指出，面对风险社会的特点，财政基础理论创新需要转变思维范式和研究范式，突出财政在解决系统性风险中的功能和作用。他提出以“风险人”为基本假设构建风险财政学的设想，为构建中国自主财政理论知识体系提供了新思路。

（三）文献述评

重大突发事件的突发性、危害性、公共性已经被世界各国所认知，发达国家的财政应急管理方案都较为成熟。尽管各个国家的国情不同，形成的财政应急管理方案不同，但具体的操作流程类似。国外的众多学者认为应急管理是政府一项重要的管理职能，国家的应急管理工作应该由政府担任最高领导，全面调动社

---

① 韩晓萃．突发公共卫生事件应急财政保障机制研究——以新冠疫情防控为例［J］．中国农业会计，2023，33（21）：45－47．

会资源，统一指挥，有效协调。除此之外，国外众多发达国家都设立了具备专门编制预算，平时制定应急战略规划和政策功能的应急管理机构，通过应急管理机构的设立既可以综合协调多方资源，统一指挥，也可以将应急管理纳入日常工作，保证实现应急管理过程的连续性。

与发达国家相比，国内对财政应急管理的研究起步较晚，但进入21世纪后，非典、地震、雪灾、新冠疫情、洪涝灾害等事件接连暴发，使我国政府开始逐渐注重重大突发事件应急管理能力的建设，学术界也有越来越多的学者对应急管理展开了研究。财政是应对重大突发事件和化解公共风险的主力军，如何从财政方面加强应急管理备受关注，取得了一定的研究成果。然而还有许多需要完善的地方，主要表现在以下三方面：一是总结的理论成果比较少，使我国在财政应急管理方面的理论还不够成熟，难以指导实践工作；二是站在国家治理的视角去研究财政应急机制的成果较少，很多学者的研究只局限在了财政的角度，没有上升到国家治理的高度；三是学者们提出的财政应急机制不够完善，不能有效满足实际管理的需要，难以适应我国的实际发展。

三、研究内容、思路与方法

（一）研究内容

1. 国家治理视角下的财政应急理论解析。（1）概念内涵：国家治理、重大突发卫生事件、财政、应急管理。（2）理论基础：国家治理理论、危机理论、公共产品理论。（3）财政介入必要性。包括政府职能所在、国家治理需要、筹集监管资金需要、

建立财政支出 + 税收 + 预算 + 国债等多维度应急机制需要。

2. 重大突发公共事件财政应急机制建设情况。（1）财政应急机制框架内容。包括财政运行机制、危机前财政预警防范机制、危机中财政应急处置机制、危机后财政恢复重建机制、财政监督评估机制。（2）疫情危机中财税政策及作用机理。包括财税政策、作用机理。（3）财政应急机制整体实施效果。包括机制基本建立且运转良好、医疗卫生财政支出规模逐年增加、部门协调机制初步建立、灾后救助财政政策有力有效。

3. 财政应急机制实证——以“COVID－19 新冠疫情”为例。（1）方法介绍与变量选取。SMART 原则、层次分析法（AHP）、模糊综合评价法（FCE）。（2）模型设计。倾向性得分匹配（PSM）、Tobit 随机效应回归、双重差分法（DID）、面板数据回归模型。（3）评估结果分析。（4）存在问题。包括完整制度尚未建立、应急预算缺失、卫生资源分布不均衡、央地财政关系不清楚、缺乏法制保障、监督评价机制缺位、综合协调职能需加强。

4. 国外重大突发事件财政应急管理的经验借鉴。包括完备的应急法律体系、清晰的央地财政事权与支出责任、多渠道的资金筹措、多层次分担机制、严格的监督与评价制度等，实际上，西方发达国家也有自己的不足。包括国家治理战略失误、联邦制政府组织效率低下、公共风险认识不足、注重技术而忽视公民平等医疗等。

5. 完善我国重大突发公共卫生事件的财政多维应急机制。（1）建立健全财政日常运行机制。包括应急法律体系、预备费计提比例、双向沟通。（2）完善财政预警机制。包括明确范围与目标、强化能力、信息共享。（3）强化财政应急处置机制。包括清晰划分央地事权与支出责任、多渠道筹集资金、鼓励第三方部门积极参与。（4）健全财政恢复重建机制。包括财政支出、减税降费、国家预算、国债、积极财政政策。(5) 改进财政监督评估机制。包括严格应急预算支出、内外部双重监督应急资金、全面掌握救灾资金信息、重点分析救灾资金筹集与支出、有效评估救灾资金。(6) 纳入地方政府财政预算，推进国家基层治理现代化。包括强化基层应急基础和力量、出台全方位支持政策，健全直达基层的现代应急物流调配体系。

(二) 研究思路

重大突发公共卫生事件具有深远的影响，COVID－19 疫情作为一场全球性的“大流行病”，对经济社会的发展造成了重大冲击。财政构成了国家治理的根基和关键支撑，因此，建立财政应急机制是不可或缺的。实证评估新冠疫情财政应急机制效果，系统定量测量，发现问题。同时，借鉴国外经验与教训，构建事前、事中、事后一体化多维度的财政运行、预警防范、应急处置、恢复重建、监督评估“五位一体”机制（见图 1－1）。

(三) 研究方法

1. 文献研究方法。文献研究方法是一种系统性的科研手段，它依赖于对现有文献的深入分析。该方法的目标是通过搜集、整理和分析相关的文献资料，以达到对特定研究领域或问题的全面理解与认识。这种方法通常包括以下几个步骤：①确定研究问题：明确要研究的主题或问题，这是文献研究的出发点。②搜集文献：通过图书馆、数据库以及互联网等途径搜集与研究主题相关的文献资料。③筛选文献：为满足研究需求，对收集到的文献进行了精心筛选，挑选出那些最具相关性且价值最高的文献，以便进行深入探讨。④阅读和笔记：仔细阅读选定的文献，并做好详细的阅读笔记，记录关键信息和观点。⑤整理和分类：整理并

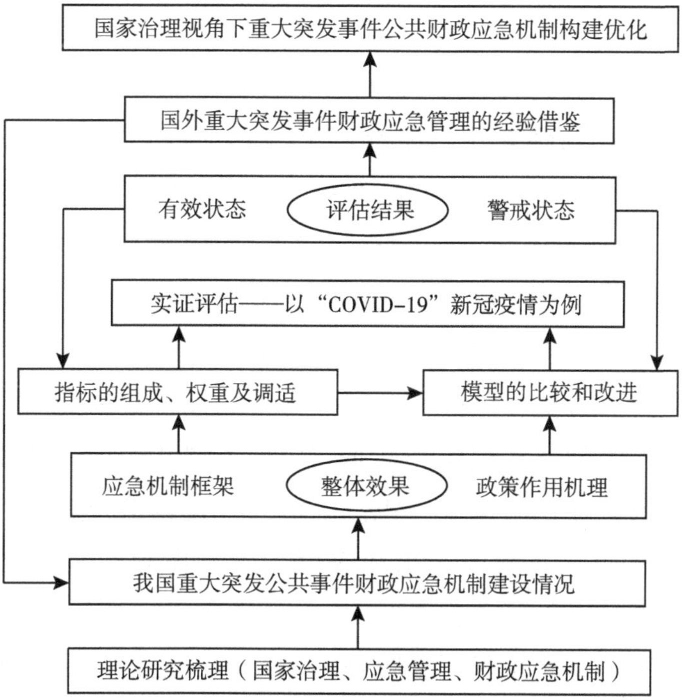

图1-1 技术路线图

分类阅读笔记，构建一个井然有序的知识架构。⑥分析和综合：对整理好的文献资料进行深入分析，综合不同作者的观点和研究成果，提炼出自己的见解和结论。⑦撰写研究报告：将研究过程和结果整理成报告，详细阐述研究的背景、方法、结果和讨论等内容。

文献研究方法的优势在于它能够充分利用现有的研究成果，从而节约时间和资源。此外，它使研究者能够站在前人的肩膀上，进行更为深入的探索。通过这种方法，研究者能够全面掌握研究主题的相关理论、制度演变以及现实状况。这种方法贯穿于本书的始终，主要体现在第一章的基于国家治理视角的财政应急理论基础、第二章的我国重大突发事件财政应急机制建设情况以及第四章的国外重大突发事件财政应急管理的经验与启示。

2. 实证分析与规范分析相结合的方法。实证分析主要关注“是什么”的问题，通过收集和分析数据来描述、解释或预测经济活动的过程和结果。它侧重于事实和证据，避免主观价值判断，力求客观地揭示事物的内在规律。规范分析建立在特定的价值判断之上，专注于探讨“应当如何”的问题。它涉及伦理标准和社会目标，旨在探讨达到这些价值判断和社会目标的步骤。规范分析通常包含主观评价，涉及对事物运行状态的判断，以确定其正确与否。将实证分析与规范分析相结合，意味着在研究过程中既考虑实际的经济现象和数据（实证分析），同时也融入对价值判断和政策建议的探讨（规范分析）来进行综合评估。这种方法有助于在制定政策或提出建议时，既考虑到现实情况的可行性，又兼顾社会价值和公平性。

本书第三章聚焦于“新冠疫情”事件，通过数据整理和指标体系的构建，对财政应急机制的有效性进行了深入的实证分析，在此基础上结合中国现有国情，又使用规范分析法指出了我国重大突发事件财政应急机制存在的问题。

3. 案例分析方法。案例研究方法是一种被广泛采用的定性研究技术，尤其适合于深入且全面地探讨现实世界中的特定复杂问题。通过运用案例研究，研究者能够详细描述并深入探讨特定现象或事物。此外，案例研究有助于构建新的理论框架，或对现有理论进行验证、拓展和修正。它同样是探索解决当前问题方案的关键途径之一。从人类学、社会学、心理学、历史学以及管理学等多个学科的发展历程中，我们可以观察到案例研究悠久的历史渊源。在当代，案例研究的方法论被日益广泛地应用于众多学科领域。

这种方法主要体现在第三章，选取了“新冠疫情”事件作为实证研究的案例，并从疫情发生前、疫情发生时、疫情发生后三个方面分析了财政在应急管理方面所做的努力与不足。

4. 比较研究方法。比较研究法是一种研究方法，旨在探究事物之间或人与人之间的相似之处或差异。通过依据特定的标准，对两个或多个相关联的对象进行深入分析，比较研究法致力于发现它们的共性和个性，并在此基础上探索普遍规律与特定规律。

该方法主要体现在第四章，通过比较国外一些国家财政应急管理的做法，借鉴了许多成熟的经验，也在部分国家失败的应急管理中得到了一些教训。

四、可能的创新与不足

（一）可能的创新点

1. 本书从政治学（国家治理）、管理学（应急管理）、经济学（财政学）多重跨学科研究视角出发，多维度研究重大突发事件的财政应急机制，不仅是不同学科知识整合的现实需求，更是知识系统自发演化的理论产物，在多重研究视角中去发现、去理解那些在宏大叙事的地图中未被照亮的部分。目前站在国家治理的视角研究重大突发事件财政应急机制的相关理论成果非常少，只有零星表述，尚未形成系统。本书的选题角度在一定程度上弥补了这方面研究的不足。

2. 使用层次分析法（AHP）进行政策评估。使用层次分析法（AHP）对财政应急机制进行有效性评估。我国研究财政应急机制的成果很多，但是采用具体评估方法对其有效性进行评估较少。本书以“新冠疫情”事件为例，运用层次分析法，建立了

“三层叠加，逐级收敛”的评估指标体系，尝试性地对我国财政应急机制进行了有效性评估。

（二）不足之处

一是本书以定性分析为主，定量分析不足。在现有的财政应急机制评价指标体系研究成果中，几乎没有具体的定量评估方法可借鉴。同时由于统计资料不全，个别数据的获取也比较困难。本书运用层次分析法通过专家打分得出指标权重以及分析结果，存在主观性较强与量化程度不足的问题，在一定程度上影响了文章指标评估体系的分析深度。

二是实证部分具有一定时滞性。由于病毒不断变异、国家政策不断出台、各地疫情防控措施日益完善、防疫经验不断丰富，因此，数据具有滞后性，得出的结论具有较大局限性，并不能准确反映当前疫情管理的科学性、应急机制的完善性。

三是政策对比及结论的准确性受限。新冠疫情已经是第五个年头，世界上多数国家都已经“躺平”，选择与新冠病毒共存，放开了对疫情的管控，无法准确判断借鉴国外财政应急管理的经验与启示。另外，我国一直坚守防疫，实行动态清零政策。2022年12月7日《新十条》的颁布标志着实施三年的疫情防控政策出现重大变化，进入真正意义上的常态化开放阶段。研究内容跟不上政策变化速度，放开以后仍有大量未知问题需要研究，本书提出的完善我国重大突发事件财政应急机制的策略仍需细化。

第二章
国家治理视角下的财政应急理论解析

一、概念内涵

二、理论基础

三、财政介入应急管理的必要性

在2013年11月，中国共产党第十八届中央委员会第三次全体会议提出了“国家治理体系和治理能力现代化”的重要议题。这一议题标志着国家治理现代化成为继“工业、农业、国防和科学技术四个现代化”之后的又一关键发展目标，被誉为“第五化”。会议还明确了“财政是国家治理的基础和重要支柱”的新定位。财政原来是从资金收支的角度去定位，后来从资源配置的立场上去理解，现在是在党和国家事业全局这样一个大空间中去理解。财政治理体系与治理能力的现代化，旨在为国家治理体系和治理能力的现代化进程提供支持和促进。这不仅是新时代赋予中国财政的核心主题，也是中国财政应当承担的使命。此外，它体现了中国特色社会主义制度及其执行力的具体实践。财政作为国家治理的基础和关键支撑，在推动资源合理分配、确保国民经济稳定运行、促进社会公平正义以及保障人民生活稳定方面发挥着至关重要的作用。党的二十大报告明确指出，到2035年，我国的发展目标是实现经济、科技和综合国力的显著提升，人均国内生产总值将跨上新的台阶，达到中等发达国家的水平。我们将实现科技自立自强的高水平，跻身创新型国家的前列。同时，我们将构建起现代化的经济体系，形成新的发展格局，基本完成新型工业化、信息化、城镇化和农业现代化的进程。此外，国家治理体系和治理能力的现代化也将基本实现。在新的征程中，我们必须深化推进国家治理体系和治理能力的现代化，将我国的制度优势更有效地转化为治理效能。

一、概念内涵

（一）国家治理

1. 治理

20 世纪 90 年代，治理的概念在全球范围内开始兴起，由公共管理学界学者提出的一种用以重新反思政府、市场与社会关系问题的理论。尽管全球各界对治理做了不同定义，但最具有代表性和权威性的还是联合国全球治理委员会（CGG）的表述：治理是指或公或私的机构和个人采取联合行动调和相互冲突或不同利益的持续过程，它既包括由人民赋予权力的正式机构，也包括由人民和机构同意的各项规章制度以及非正式安排。因此，治理具有四个特征：一是治理是一个过程，并非简单的规则条例或具体活动；二是治理要涉及公、私两个部门；三是治理的基础是调和，而非支配；四是治理要依赖正式制度，但并不意味着治理就是一种制度。

2. 国家治理

国家治理是指以国家为整体，以社会诉求为出发点，治理整个国家内部公共事务的过程，并且强调在治理的过程中国家要发挥主导作用。它主要涵盖了经济治理、政治治理、社会治理、文化治理以及生态治理。国家治理具有系统性、复杂性和动态性，它要求国家从全局出发，统筹协调各方面资源和力量，形成合力应对各种风险和挑战。同时，国家治理还需不断适应时代变化和社会发展需求，进行动态调整和优化。

国家治理旨在达成国家的长期稳定、社会的和谐与稳定、经济的持续健康发展以及人民的安居乐业。显而易见，国家治理是指以国家为根本，对公共事务进行筹划与管理。它要求国家通过有效的治理手段，解决社会问题、化解社会矛盾、维护公平正义，为人民群众创造更加美好的生活条件。国家治理应当恪守依法治理、民主治理、科学治理等基本原则。依法治理原则要求国家权力的行使必须严格遵守法律法规；而民主治理原则则强调人民应当成为国家的主人，确保人民的权益得到充分保障；科学治理则要求国家治理决策必须遵循客观规律，注重实效性和可行性。国家治理的概念是治理概念的衍生。与治理的概念相比，国家治理的概念则更加均衡和客观。在我国，国家治理是建设中国特色社会主义的重要组成部分。正确理解和把握中国式国家治理，有利于“探索具有中国特色、中国魅力、中国道路的国家治理现代化的‘新方案’”。

3. 国家治理现代化

国家治理现代化涵盖了国家治理体系和治理能力的现代化进程。这一理念的构建与提出，彰显了中国共产党对现代化进程的深刻重视和持续探索，标志着党对现代化理解的最新进展，被誉为现代化进程中的“第五化”。自改革开放以来，我国的现代化进程取得了飞速发展，连续实现了众多重大成就。社会主义新时代改革具有新内涵和新特点，为了有效应对国家治理面临的风险和挑战，要总结改革开放以来的政治实践经验，深刻理解国家面临的复杂形势，充分激发国家治理的潜力，促进国家治理现代化的深入发展。国家治理现代化涵盖了治理体系的现代化以及治理能力的现代化。在党的十八届三中全会上，通过的《中共中央关于全面深化改革若干重大问题的决定》明确指出："要推进国家治理体系和治理能力的现代化。"此处首次将国家治理体系和治理能力与现代化紧密联系起来，聚焦于现代化，并以其作为核心目标，揭示了现代化与国家治理之间存在着深刻的内在联系。国家治理的实施离不开现代化进程，而现代化则是国家治理不可或缺的一部分。国家治理体系现代化：国家治理体系是在党的全面领导下管理国家的制度体系，涵盖了政治、经济、文化、社会、生态文明等各个领域的体制机制，构成了一套完整且连贯的国家制度框架。国家治理能力现代化：国家治理能力指的是运用国家制度来管理社会各个方面的事务的能力，涵盖了改革、发展、稳定，以及内政、外交、国防等众多领域，同时也包括了党的治理、国家的治理以及军队的治理。2019 年 10 月，中国共产党第十九届中央委员会第四次全体会议审议通过了《中共中央关于坚持和完善中国特色社会主义制度，推进国家治理体系和治理能力现代化若干重大问题的决定》。该决定全面总结了我国国家制度和治理体系所取得的巨大成就与显著优势，并深入探讨了在国家制度和治理体系方面应"坚持和巩固什么、完善和发展什么"的核心政治议题。此外，决定还详细阐述了支撑中国特色社会主义制度的根本制度、基本制度和重要制度，并对新时代如何坚持和完善中国特色社会主义制度，以及如何推进国家治理体系和治理能力现代化进行了顶层设计和全面部署。党的二十大报告在"过去五年的工作和新时代十年的伟大变革"部分指出，"国家治理体系和治理能力现代化水平明显提高"；在"新时代新征程中国共产党的使命任务"部分提出，到 2035 年"基本实现国家治理体系和治理能力现代化"，强调未来五年"国家治理体系和治理能力现代化深入推进"。习近平总书记说："中国开放的大门不会关闭，只会越开越大。"世界正处于百年未有之大变局，中国要坚持进一步扩大对外开放，坚持共谋、共建、共享原则参与全球治理，达到全方位、多层次、宽领域对外开放，积极引领全球治理体系改革，推动构建人类命运共同体。推进国家治理体系和治理能力的现代化，最终实现促进人的全面发展、各国共同繁荣的总目标。

（二）重大突发事件

1. 重大突发事件的界定及特征

重大突发事件特指那些突如其来、情况错综复杂，对特定区域的公共安全、政治稳定以及社会经济秩序构成严重威胁或造成损害的紧急事件。这些事件可能已经导致或潜在地会造成大量人员伤亡、巨额财产损失或严重的生态环境破坏。因此，它们需要动员多个部门和相关单位的力量与资源，进行协同应对。根据国务院所制定的《国家突发公共事件总体应急预案》，突发公共事件共分为四大类，具体包括自然灾害类、社会安全类、事故灾难类、公共卫生类事件。其具有以下特征。

（1）突发性：事件常常出乎意料地发生，难以预测和防备。所谓突发性，即指事件的突如其来，且事先未有任何征兆。在这种情况下，由于公众对突如其来的事件缺乏事先充分的应对准备，导致在事件突发时，人员调动、资源的调配无法精准投入于突发的事件中，且各方资源缺乏有效的配合，使得社会公众在突发事件面前处于被动的状态。大部分突发事件的成因都可以分为深层原因和表层原因，深层原因指的是事件的根本原因，一般与事件发生没有直接关系，往往难以发现，表层原因指的是事件发生的诱因，与事件发生本身的关系较为紧密，但是存在一定偶然性，往往难以加以预测，比如，在出现重大网络舆情事件时，事件背后通常潜伏着一些深层次的社会环境因素，但仅仅存在社会因素只能说是为具体重大网络舆情事件出现埋下了种子，事件的产生往往还需要某个具体事件作为诱因，来引起人们关注，引起在同种社会环境下，受相似问题困扰的更多人的共情。除了重大网络舆情事件这种依赖于现代科技而生的突发公共事件外，还有一些随着自然而生的突发公共事件，一般以自然灾害为主。尽管随着科学的发展，一些诸如地震、火山喷发、海啸等自然灾害都可以利用科学技术手段在一定程度上进行预测，但仍很难在事件发生前做好充足的准备，即便是提前几十秒预测到的即将到来的地震，也可能让人措手不及，并且事件究竟会在何时造成多大的影响仍难以准确预计。

（2）复杂性：事态复杂多变，涉及多个方面和因素，处理难度大。重大突发事件出现后，它的影响并不是单一方面的，尤其是社会影响面较广的重大突发事件，更会波及较大范围，可能涉及多个领域，多个领域又可能出现协同作用，从而引起更大的社会影响。以新冠疫情在我国的暴发为例，疫情本身是一起突发的公共卫生事件。然而，在应对新冠疫情的过程中，会出现一些其他财政、农业、民生问题，演变成社会事件，相关应急应对中存在的问题若是发布在网络上引发广泛讨论，又很有可能会演变成重大网络舆情事件，重大网络舆情事件又可能反过来影响社会上的看法、情绪，最后不仅对防疫工作的开展产生影响，还可能对其他领域的政策落实和工作开展产生影响，简而言之，突发公共事件往往不是单一事件，而会引发一连串连锁反应，不恰当的处理方式可能会导致严重的负面后果。同时，应对突发事件不仅需要单一的力量，而是需要多方面的协同合作，比如本次新冠疫情的应对中，政府部门、社会团体、爱心人士、公立及私立医疗机构纷纷发挥效用，众志成城，抗击疫情，因此，重大突发事件被认为具有高度的复杂性。

（3）危害性：对公共安全、政治稳定以及社会经济秩序构成或可能构成的严重危害或威胁。根据对重大突发事件定义的相关阐述，此类事件通常涉及或潜在地涉及重大人员伤亡、财产损失、生态环境破坏以及严重的社会危害，它们对公共安全构成威胁，因此，它们被认定具有破坏性的特征。突发公共卫生事件往往在一个局部或一个特定区域集中暴发，在未被发觉或未采取有效防控措施的情况下，往往会迅速传播，随着人口的流动，向人口密集的区域传播，而人口密集区域往往是经济较为发达的地区，一旦在该类型的区域传播开来，将会极大地增加防控难度，扰乱正常的社会生产与社会秩序，最终影响国家和社会的稳定与发展。对于我国而言，在新形势下，重大突发事件造成的破坏，早已不仅仅是看得见摸得着的物理上的破坏。随着我国的崛起，我国在意识形态领域方面、社会治理方面、国际话语权方面都会面临诸多挑战，重大突发事件发生后，其破坏性不仅体现在表面的人员伤亡和经济损失上，别有用心之人利用重大突发事件做文章也会在意识形态领域有一定破坏性，从而对我国社会的长期稳定产生负面影响。重大突发事件影响迅速，防控难度很大，给各个地区带来极大的防控压力和经济损失，会扰乱社会生产和秩序，最终影响国家和社会的稳定与进步。同时，重大突发事件的应对如果不到位，引起群众不满，也会间接对我国舆论环境、国际形象等造成破坏。

（4）紧迫性：我们必须立刻采取干预措施，以防止局势进一步恶化。在人类文明漫长的历史进程中，重大突发事件始终是一个不变的存在。尽管人类可以通过一些预防手段减少一些特定种类的重大突发事件出现的频率，但是不可能完全杜绝重大突发事件这一大类的存在，甚至在重大突发事件被赋予概念前，在人类活动前，重大突发事件本质就已经存在且总是存在的。由于重大突发事件的危害性，需要迅速采取措施进行处置，否则一个重大突发事件也可能引起另一个重大突发事件，从而使得重大突发事件接续产生、此起彼伏、持续存在。

2. 重大突发事件的分类与分级标准

重大突发事件，根据其发生的原因、机理、过程和性质的差异，依据国务院颁布的《国家突发公共事件总体应急预案》，被划分为四类不同的突发紧急事件，具体包括以下几种。

（1）自然灾害。自然灾害是指那些威胁人类生存或破坏人类生活环境的自然现象。这些灾害主要包括水旱灾害、气象灾害、地震灾害、地质灾害、海洋灾害、生物灾害以及森林草原火灾等。这类事件通常由自然因素触发，会给社会带来巨大的损失。

（2）事故灾难。事故与灾难是在人们进行生产和生活活动时突发的意外事件，这些事件违背了人们的预期，往往导致活动不得不暂停甚至永久停止。它们主要包括各类工矿商贸企业的安全事故、交通运输事故、公共设施和设备事故以及环境污染和生态破坏事件等。这类事件通常由人为因素或设备故障导致，对人员生命和财产安全构成威胁。

（3）公共卫生事件。公共卫生事件通常指那些突发性事件，它们有潜力引发或已经导致社会大众健康遭受重大损害。这些事件主要包括传染病疫情、群体性不明原因疾病、食品安全问题、职业危害、动物疫情以及其他严重影响公众健康和生命安全的事件。这类事件对公共健康和社会稳定造成了深远的影响。

（4）社会安全事件。社会安全事件特指那些严重威胁社会治安秩序和公民生命财产安全的突发事件，这类事件需要采取应急特别措施进行应对。它们主要包括恐怖袭击、经济安全事件、影响市场稳定的涉外突发事件、刑事案件、网络与信息安全事件等。此类事件通常关系到社会的稳定与国家的安全，必须迅速采取应对措施。

重大突发事件的分级标准主要依据事件的“社会危害程度”和“影响范围”来判定。在实践中，一般通过以下具体标准来划分：死亡、失踪、重伤、中毒的人数：例如，死亡 10 人以上、失踪 30 人以上，或者重伤、中毒 100 人以上为特别重大事件；死亡、失踪 10－30 人，或重伤、中毒 50－100 人为重大事件等。

以突发公共卫生事件为例进行阐释。所谓突发公共卫生事件，是指那些突如其来的状况，它们可能引发或潜藏着对广泛社会公众健康造成重大伤害的风险。这类事件涵盖但不限于大规模传染病暴发、群体性不明原因疾病、重大食物和职业中毒事件以及任何其他严重影响公共健康的情形。突发公共卫生事件共有四个级别，分别是：特别重大、重大、较大和一般。这四级突发公共事件的负责组织不同，特别重大突发公共事件的负责组织是国务院，重大突发公共事件的负责组织是省级政府，较大突发公共事件的负责组织是市级政府，一般突发公共事件的负责组织是县级政府。对于 2019 年年末的新冠疫情，它由武汉为中心在全国暴发，由开始的湖北省负责处置到后来的国务院负责处置，是新中国成立以来我国发生的传播速度最快、感染范围最广、防控难度最大的一次突发公共卫生事件，它的级别已经超过了一般与较大突发公共事件，属于重大突发公共事件向特别重大突发公共卫生事件转变，它所造成的损失之大、影响程度之深是前所未有的。

（三）财政及其职能

1. 财政

财政，涉及国家（政府）集中部分社会资源，旨在满足社会公共需求，并提供市场所需的公共物品与服务。这一过程体现了政府的分配活动或经济行为。财政促进政府主体参与危机治理，形成国家韧性。财政是国家治理的基石和关键支撑，确保了政府的正常运作依赖于其坚实的财政支持。公共财政，作为一项分配机制，本质上涉及政府为了满足社会公共需求而进行的收支管理活动。其支出基于社会公共需求，并遵循特定的经济和政治原则。政府通过征税的方式聚集资金，随后将这些资金分配给包括政府自身在内的各个利益相关方。最早提出财政概念的是亚当·斯密的《国富论》一书，此书中将政府财政的范围和职能限定在公共安全、公共收入、公共服务、公共工程、公共机构、公债等范围，基本确立了财政的框架，后经两个多世纪的研究和发展，财政的概念得以完善。财政体现了政府职能的核心，贯穿并渗透于政府的各个部门和职能之中。

财政作为国家治理的基础和关键支柱，面对统筹发展和安全、推进国家治理体系和治理能力现代化的实践发展要求以及经济工作的考量，可以将财政应急可分为财政应急治理体系与财政应急治理能力两方面。具体而言，财政应急治理体系是财政系统为防范化解突发风险而建立的以财政应急资金为重心、以消除突发风险事件冲击影响为目标的制度化体系安排；财政应急治理能力是财政系统面对突发风险事件冲击时运用财政应急治理手段、调配应急治理财政资金、及时控制和消除风险影响的能力。在统筹发展和安全的财政韧性中，财政应急治理体系与治理能力相辅相成，合为有机统一的系统整体，构建了财政韧性的核心治理框架。

2. 财政职能

财政职能指的是财政作为国家政府在分配社会产品、调节经济活动方面所承担的关键责任和所具备的核心功能。财政的职能包括四个方面内容：(1) 资源配置职能。资源配置职能是指财政通过预算安排和支出，将有限的资源合理分配到不同的使用方向，以满足社会公共需要。财政不仅是社会资源直接分配的关键参与者，而且是全社会资源配置的调控者，具体表现在：一是调节社会资源在政府部门和非政府部门之间的配置；二是在政府部门内部配置资源；三是对非政府部门资源配置的调控。(2) 收入分配职能。收入分配职能指的是政府财政部门主动并有意识地运用财政工具，以实现公平目标，对社会收入分配模式进行调整的职责与功能。财政收入分配职能的实现方式有四种，分别是：划清市场分配和财政分配的范围和界限、规范工资制度、加强税收调节、通过转移性支出，使每个社会成员得以维持基本的生活和福利水平。(3) 调控经济职能。经济调控职能涉及政府运用财政政策，以实现一系列经济和社会目标，包括促进充分就业、维护物价稳定、平衡国际收支和提高公众的生活质量。政府采取相机抉择政策和自动稳定器等策略，以适应和调节供需关系，进而实现经济结构的优化调整。财政调控经济职能的实现方式包括以下四种：第一，在经济发展的不同阶段，采取相应的财政政策以实现社会总供给与总需求的基本平衡。第二，利用累进性个人所得税等制度的“内在稳定器”功能，协助稳定经济活动。第三，通过财政投资和补贴等手段，加速农业、能源等公共设施和基础产业的发展，为经济增长奠定坚实的基础和营造良好的环境。第四，逐步增加对污染治理、生态保护以及文化教育、卫生等领域的支出，推动经济和社会的可持续发展。(4) 监督管理职能。监督管理职能涉及政府在预算决策、资金筹集与使用过程中，客观上对国民经济各领域活动状况及财政自身运作的反映与制约能力。通过监督和管理宏观经济运行，我们能够为国家宏观调控提供决策支持，进而为经济的稳定运行创造一个良好的市场环境。

同时，通过强化对微观经济活动的监管和管理，我们能够规范经济秩序。此外，通过加强对国有资产运营的监督管理以及对财政工作本身的监督和管理，我们能够持续提高财政分配的效率和财政管理的水平。

财政职能不仅是财政理论研究的核心，也是现实中政府财政活动的基础和遵循，并指导着政府的每一次财政活动，因而能够成为政府财政的行为目标。

3. 公共财政

公共财政是政府为了矫正市场失灵，优化资源配置和调整收入分配，向纳税人提供公共产品和服务的法治化财政体系。构建公共财政应急机制的核心目的在于保障在面对突发重大自然灾害时，财政资金能够获得充分的保障。一个有效的公共财政应急机制，秉承着以人为本和属地管理的原则，旨在推动当地经济发展，同时对潜在风险进行预防。最早提出公共财政概念的是亚当·斯密的《国富论》一书，此书中将政府财政的范围和职能限定在公共安全、公共收入、公共服务、公共工程、公共机构、公债等范围，基本确立了公共财政的框架，后经两个多世纪的研究和发展，公共财政的概念得以完善。

公共财政在整个社会中具有十分重要的意义，其主要作用的体现是公共财政在整个社会发展中发挥其相应的职能。公共财政的核心职能首先在于资源配置，即通过财政工具集中国内生产总值，并通过政府提供的公共物品与服务来弥补市场失灵，引导资本流向，以达成社会资源配置的最优化。其次是收入分配职能，收入分配职能是指通过税收调节，从社会富裕群体征集资金，然后通过转移性支出项目，如救济支出、社会保障支出等，将资金转移支付给有需要的社会群体，以调节社会成员的收入分配格局，实现社会公正。再次，公共财政还具有调控经济职能。这涉及通过实施特定的财政政策，以推动实现更高的就业率、物价稳定以及经济增长等目标。最后，公共财政还承担着监督管理的职责。在财政资源配置、收入分配以及经济调控的各项职能中，监督管理的职责都得到了隐含体现。

（四）应急管理

应急管理的概念尚未得到广泛认同。尽管国内外众多机构和学者对其进行了大量研究，这些研究大多与灾害性事件紧密相连。应急管理是伴随着事故灾害产生的，它是指在对灾害性事件进行处理时，为了保障公众生命、健康和财产安全，政府及其他公共机构在重大突发事件的事前预防、事发应对、事中处置和善后恢复过程中所采取的必要管理活动。在灾害性事件发生时，维护财政安全对于国家来说十分重要，因此有必要采取一系列的财政应急机制。财政应急机制是指在应对突发事件时，公共财政为应对突发事件所做的一系列反应或者措施的方法的集合。联合国国际减灾署认为，应急管理应当包括以下八个方面：一是预防危险、威胁或任何灾难；二是减轻或降低任何灾难的严重程度或后果的风险；三是能力建设；四是应对任何灾害的准备；五是对任何灾害性情况的及时响应；六是评估任何灾害可能导致的人员伤亡情况以及判定损失的严重程度；七是疏散、救助和组织救援；八是恢复和重建。

我国对于应急管理的研究分为三个阶段。在 2003 年以前，处于研究的萌芽时期，重点关注在灾害管理方面，在这一阶段，中国构建了一系列行政部门，这些部门负责应对自然灾害、事故灾难、公共卫生事件以及社会安全事件，明确了相关行政部门对应的职责，在抗震救灾、防汛抗旱、森林防火等领域增设了对应的应急指挥机构，还成立了减灾委等议事协调机构，但研究的综合性成果寥寥无几。2003 年“非典”暴发以后，应急管理的研究进入快速发展时期，有关于应急管理的内容迅速增多。这一阶段我国建立了以“一案三制”（应急预案、应急管理体制、应急管理机制和应急管理法制）为核心的应急管理体系，明确划分了中央地方各级政府和基层单位的应急管理职责，构建了涵盖各种突发事件的管理部门体系，强化了卫健、公安等行政部门在公共应急管理中的职责，在各级人民政府设立政府应急管理办公室以加强综合协调。2008 年南方雪灾，5・12 汶川大地震等一系列重大突发事件使我国的应急管理的研究进入了质量提升阶段。而在 2020 年，我国对应急管理又提出了新要求，这一年年初在全国乃至全球暴发了新型冠状病毒，此后又暴发了一系列洪涝灾害，我国在应急管理方面面临了前所未有的挑战。在全球进入系统性风险高发期、公共危机跨界特征日益彰显的背景下，如何整合优化应急力量和资源，构建统一结合的综合协调应急管理机制，是一个重大的时代命题。为加强突发事件应急预案体系建设，规范应急预案管理，增强应急预案的针对性、实用性和可操作性，依据《中华人民共和国突发事件应对法》等法律、行政法规，2024 年 1 月 31 日，国务院办公厅印发了新修订的《突发事件应急预案管理办法》。其修订出台标志着我国应急预案管理进入新阶段，对推进国家应急管理体系和能力现代化具有重要意义。

国家治理现代化的关键组成部分之一便是国家应急管理的现代化。后者作为维护国家安全、确保广大民众根本利益的基石，其现代化进程至关重要。国家应急管理的现代化必须以提高国家治理体系和国家治理能力作为基本依托，根据其具体要求来设定目标。现阶段，我国作为社会主义现代化强国，叠加新冠疫情的影响，我国应急管理面临着诸多风险与挑战。因此，推进应急管理体系建设，实现应急管理现代化，是党“进行伟大斗争、建设伟大工程、推进伟大事业、实现伟大梦想”的必然要求，同时也是满足人民群众对美好生活日益增长的需求、构建共建共治共享的社会治理格局、进一步扩大对外开放的关键举措。因此，实现应急管理的现代化不仅是时代的需要，也是我国现阶段发展形势的内在需求。这就需要我国应急管理现代化与高质量发展和高水平安全相匹配，需要我国应急管理现代化通过完善制度以化解更多不确定风险，需要我国应急管理现代化以科技促管理。

国家应急管理体系的现代化主要包括：应急管理预案、应急管理机制、应急管理体制、应急管理法制以及一系列与之相关的制度安排。应急管理预案是一份全面的事故应急预案，其目的在于确保在紧急情况发生时，能够迅速、有序且高效地执行应急响应措施。应急管理预案的现代化涉及各级政府和各类组织，包括企业、机构、社会团体、公司、民间组织以及公民个人，它们都是应急管理的主体。这些主体旨在制定应对自然灾害、生产安全事故、公共卫生事件等突发事件的应急管理预案，它包括：中央、部委、高校、企业、地方各级的应急预案以及现代化的工作方案。应急管理机制专指为应对紧急事件而构建的一套系统化、标准化的管理流程和应对措施。应急管理制度现代化系统是指以各应急管理主体之间的资源共享、责任落实、权力分配等应急管理行为为基础，形成的包括应急预防和准备、监测和预警、处置和救援等现代化流程机制。应急管理法制涵盖了为应对紧急状况而设立的一系列法律法规和规章等法律规范体系。而应急管理法制体系的现代化，则是指拥有立法权的国家机关所制定的法律法规，需符合现代化的标准，各部门制定适合机关应急管理运行的部门规章，各级企业及社会组织制定现代化标准，从而形成以《中华人民共和国宪法》为核心，多种法律法规、部门规章与之配套的国家应急管理现代化法律体系。国家的应急管理能力指的是在遭遇紧急情况时，能够迅速且有效地动员资源，以执行预防、准备、响应、恢复和重建等一系列综合行动的能力。这一能力涵盖了多个关键领域，包括但不限于：预警和预防机制、应急反应的效率、资源的合理调配与应对策略、灾后恢复与重建工作的执行以及社会层面的动员和公众参与。国家应急管理能力现代化是指在党的领导下，在应对突发事件的过程中，达到现代化标准的能力的总称，体现在最大限度地减少国家应急资源的消耗，最大程度地以保护人民群众生命财产安全为原则的符合国家应急管理体系的国家应急管理能力。由于应急管理的主体是多元的，是会根据事件的发生而动态变化的。从构成上来看，不仅包括应急物资、应急财力、应急救援力量、应急技术与设备，还包括平时状态下对应急情况的普及、事应急情况及时的预警、对应急的处置以及灾后的恢复重建。从表现程度来看，情况越紧急、事态越危险，就越需要高超的应急管理能力。同时，应急管理能力的表现可以是单个环节，也可以是多个或整个环节。

二、理论基础

（一）治理理论

治理理论是 20 世纪 90 年代由公共管理学界学者提出的一种用于重新反思政府、市场与社会关系问题的理论。其研究的兴起是以世界银行1989年发布《撒哈拉以南：从危机到可持续发展》为标志的，世界银行的观点是治理等同于单个国家的可统治性。治理理论的研究兴起后，学术界又对治理进行了较为深入的研究，但对治理的定义仍是模糊复杂。权威治理理论学者格里斯托克（Gerry Stoker）归纳了五种治理理论的核心观点：第一，治理主体通常涉及一系列与政府不同的社会公共机构和社会组织。第二，治理与统治不同，其过程特征在于界限和责任的模糊性。第三，治理理论强调，在社会管理中参与的各个主体之间存在强烈的相互依赖性。第四，治理是自主自发形成的。第五，治理意味着社会公民或者社会治理的参与者具备了参与社会治理的能力与参与社会治理的权力。治理理论在多个学科领域中得到了深入探讨和融合，涵盖了诸如经济治理、财政治理等多个方面。在我国，国家治理可简称为“治国理政”，其核心含义在于统治者运用一系列策略和方法来处理政务并治理国家，以实现国家的长期稳定与安宁。在全球性公共事件之后的经济与社会复苏阶段，精确的经济治理变得至关重要，而财政政策在其中发挥着至关重要的作用。在重大突发事件发生后，经济的复苏与管理亟须得到高度关注。必须依据国家的具体情况，并借鉴全球及各地区的经验教训，以进行有效的经济管理。国家治理能力涵盖了多种能力，其有效实施依赖于各项制度的贯彻执行。在应对全球性重大事件的过程中，各国依据自身的社会性质，采取了具有针对性的治理策略。在新冠疫情的背景下，中国通过党和政府的领导与监督，实施了严格的自上而下的管控措施，并在经济复苏方面取得了显著成效。在抗击新冠疫情的斗争中，中国取得了举世瞩目的成就，其中社会公共机构和各类社会组织发挥了至关重要的作用。

（二）危机理论

危机管理研究起源于20世纪60年代，最早由美国学者专家提出，并在军事外交和国际政治领域得到应用。20世纪70年代开始，日本将危机管理理论引入到经济领域，并逐渐将其作为企业管理的一部分。20世纪90年代，伴随着经济全球化的发展，危机管理理论传入我国。从2003年开始，随着“非典”、甲型H1N9流感、手足口病等公共卫生事件的暴发，危机管理理论受到前所未有的重视。危机风险一旦成真，其会对社会公众产生严重的不利影响，损害社会公众的利益，进而危害国家的利益。所以，我们必须对危机进行防范和管理。

针对危机管理活动过程，常见的管理阶段模型是PPRR四阶段理论模型。PPRR四阶段理论基于危机事件的生命周期特性，旨在对危机事件的暴发过程进行阶段性划分，并针对每个阶段提出相应的应对策略。具体来说，PPRR理论由四个阶段构成，它们是危机管理中普遍采用的模式：事前预防（Prevention）、事前准备（Preparation）、事中反应（Response）以及事后恢复（Recovery）。在研究巨灾情境下的财政应急机制时，我们针对巨灾的生命周期及其阶段特征，相应地构建了财政应急预警机制、财政应急处置机制和财政应急善后机制。构建这些机制构成了财政应急机制核心内容的主体。因此，基于危机管理领域的PPRR（预防、准备、响应、恢复）四阶段理论，指导在巨灾情境下财政应急机制的构建，不仅是符合客观实际的现实需求，也是本书研究的核心内容。

（三）公共产品理论

“公共产品”一词最早出现在了奥义财政学派马尔科的《财

政学基本原理》中。19 世纪 80 年代，奥意学派提出了公共产品理论，运用几何图形和数学分析对公共产品进行了研究，提出了边际效用概念和边际分析方法。继奥意学派之后，瑞典学派也对公共产品理论展开了研究，代表人物主要有威克塞尔和林达尔。威克塞尔在 1896 年出版的《财政理论研究》中将公共产品与个人应纳税联系到了一起。林达尔在威克塞尔理论的基础上建立了税收与公共产品均衡的模型，也就是著名的“林达尔均衡”模型。现代经济学对公共产品的研究要以萨缪尔森在 1954 年与 1955 年发表的《公共支出的纯理论》和《公共支出理论图解》为起点，第一次严格定义了公共产品的概念，这一定义也成为了经典。20 世纪 50 年代末期，现代公共经济学的先驱马斯格雷夫第一次在其著作《财政学原理：公共经济研究》中引用了“公共经济学”的概念。新制度经济学的代表人物科斯提出了交易费用与产权学说的理论，这些理论极大地推动了公共产品理论的发展。公共产品理论经过几个世纪的演变逐渐由稚嫩走向成熟，公共产品理论也逐渐与各个学科进行交叉融合，不断发展。纯粹的公共产品有两大特性，一是非排他性，二是非竞争性。非排他性意味着当个体消费某种产品时，其他个体同样可以消费；非竞争性特性表明，每增加一个消费者并不会引起消费的边际成本上升。其提供主要用来满足社会公共需要，实现全社会资源配置效率最大化，着眼于社会整体利益和长远利益来保证人类社会得以存续和可持续发展。公共产品的理论研究的是如何正确处理政府与市场关系、政府职能转变、构建财政收支、公共服务市场化的一种基础理论，它与人民生活，社会发展息息相关。它们之间的关系是前者指导后者，后者为前者提供研究线索，紧密相连，相互影响。疫苗本质上是一种公共产品，其价格可能会随着使用规模的扩大而有所调整。但是一个大前提是，肯定是为全民免费提供，这是一个大前提。在疫苗定价过程中，始终坚持企业作为主体的原则。然而，在企业进行定价时，必须遵循两个核心原则。首先，疫苗具备公共产品的属性，其次，作为公共产品，其定价应当仅仅基于成本。

除公共产品理论外，国际公共产品理论也日益得到重视。国际公共产品理论是公共产品理论的延伸与应用，美国学者奥尔森在 1971 年最早使用了“国际公共产品”概念。典型的国际公共产品包括稳定的国际金融和货币体系、开放的国际自由贸易、良好的国际宏观经济政策、国际安全保障体系与公海航行自由等。随后，美国经济学家金德尔伯格以国际公共产品为主题进行了研究，并提出了霸权稳定论，其后西方著名的国际政治经济学家、国际政治现实主义的代表人物吉尔平又对其进行了补充。美国前政治学会主席、国际政治新自由制度主义学派代表人物基欧汉，1984 年在前人的基础上对霸权稳定论进行了批评与修正，提出了国际合作论。随后，随着全球化的发展，区域性公共产品理论与全球公共产品理论也应运而生，使国际公共产品理论逐渐完善，形成了一套完整的理论体系。中国反对“疫苗民族主义”，疫苗应成为全球公共产品，我们是这么说的，也是这么做的。中国已向全球逾 160 个国家及国际组织伸出援手，提供抗疫物资支持。目前，中国正通过多种途径向 100 多个国家和国际组织输送紧缺疫苗，为全球疫情防控工作注入了强大的支持力量。在本书的研究中，重大突发事件属于公共领域的事件，其涉及的公共领域的“产品”众多，如所需的医疗物资、救助地点，甚至公共医疗机构的医疗护理人员，在某种程度上也可以被视为公共产品。他们的供给极易受到“搭便车”现象的影响，这意味着仅凭市场机制是无法实现最优供给的。因此，政府在提供这些服务方面的参与是不可或缺的。

三、财政介入应急管理的必要性

（一）政府职能所在

政府职能指的是国家行政机关依据法律对国家和社会公共事务进行管理时所肩负的责任和所发挥的作用。政府职能，即行政职能，指的是作为国家管理执行机构的行政主体依法所承担的职责。它不仅展现了公共行政活动的核心内容和导向，而且反映了公共行政的本质特征。政府职能主要包括政治、文化、经济以及社会四个方面的职能。政治职能是指政府为了保护国家安全、维护社会秩序、保证统治阶级利益所承担的一项职能；文化职能是指政府为了管理文化事业，满足人民文化需要所承担的一项职能；经济职能是指政府为了管理社会经济生活，推动国家经济发展所承担的一项职能；社会职能是指除政治、文化、经济职能以外的政府必须承担的其他职能。自改革开放政策实施以来，我国政府职能发生了显著的转变，从计划经济体制下的全面干预，逐渐转向并专注于经济建设领域。这无疑是一个很大进步，特别是对于推动我国经济的快速发展起到了重要作用。然而，随着市场经济的成熟与发展，政府的角色应当适时地从经济建设领域转向提供公共服务。

财政是国家治理的基础和重要支柱，是国家治理一切事物的经济来源，是一国社会经济发展的重要保证。重大突发事件是指突然发生，对社会、经济等造成严重危害的事件，具有紧迫性、威胁性、破坏性、传递性、可转换性和不确定性的特征。由于重大突发事件的突发性、整体性、难以预测性和极大危害性导致社会权利义务关系发生紊乱，仅依靠私人行为和社会自身均无法进行修复，即使存在修复的可能也会导致付出极大的代价，因此，应对重大突发事件，必须借助外部力量的介入。在可行性上，由于国家组织存续的目的本身是为了维护社会共同体的利益，在介入手段上相较于其他主体而言具备强制性，尤其是行政行为所特有的主动性、直接性和干预的广泛性有益于快速有效地应对重大突发事件，故重大突发事件的管理主体主要是政府组织，而起主导作用的则是行政机关。因此，当重大突发事件发生时，政府必然居于核心管理地位，发挥着主导作用。财政部门作为公共部门，充当着发挥财政作用的角色。当国内突发公共卫生事件时，国家公共部门需紧急组织协调，启动应急管理机制，调配大量的人力物力以紧急应对，而支撑这一系列应急方案的则是充足的财力以保障人力、物力资源的充足供应。重大突发事件的发生会严重阻碍社会经济的发展，会影响广大人民群众的根本利益。因此，财政部门等公共部门必须对出现的重大突发事件进行紧急管理，将利益损害程度降到最低。在市场经济体系中，相较于市场机制本身，政府的角色在于弥补市场失灵，满足社会公共需求。财政作为政府职能的物质基础，是实现这些目标的关键工具。因此，在市场经济体系中，财政的存在与发展主要基于满足社会公共需求，这一功能通常被称为“公共财政”。

应急管理作为一种公共产品和服务，财政应当通过资源整合利用结构优化的方式保障应急管理所需资金。随着重大突发事件的不断发生，从公共风险角度理解公共产品已成为发展所需。将公共经济学理论中对公共产品的定义涵盖到突发重大公共危机事件中，由于地震、虫灾、雪灾等具有显著的非排他性和非竞争性，属于典型的公共产品范畴，因此市场这一“无形的手”无法迅速解决危机。唯有政府这一“有形的手”介入，才能提供满足公共产品需求的产品和服务，以快速应对突发重大公共危机事件带来的严重后果，尽快恢复人民正常的生产生活。因此，发生重大突发事件时，政府应急财政必须介入，这是国家应急管理的基础，更是政府职能所在。

（二）国家治理需要

国家治理现代化包括国家治理体系现代化与国家治理能力现代化，是工业、农业、国防、科技“四个现代化”之后的“第五个现代化”。2019 年年末发生的新冠疫情使国家治理论经历了一场大考。新冠疫情发生之初，以习近平同志为核心的党中央便总揽全局、运筹帷幄，决胜千里之外。全国各地积极展开对湖北的快速医疗支援，党中央迅速组织有关部门建立火神山、雷神山等集中收治病人的医院，这两座现代化医院，从项目正式开工到进行验收和移交，分别只用了 10 天和 12 天，用实际行动让世界看到了什么叫“中国速度”。经过几个月的努力，新冠疫情在我国基本上得到了控制，全国疫情防控阻击战取得了战略成果。但是，在疫情防控期间，在治理措施方面也出现了一定的漏洞，武汉信息披露滞后、大理卫健委抢占抗疫资源以及各种网络谣言流传等问题使得危机中的社会与百姓进退失序。这些问题说明我们还没有达到党的十八届三中全会提出的“国家治理体系和治理能力现代化”的要求。

要达到“国家治理体系现代化与国家治理能力现代化”的要求，必然需要财政的支持。重大突发事件是国家治理的基本内容，财政是应对重大突发事件的主力军也是国家治理的基础和重要支柱，在所有国家治理活动所涉及的利益关系调整中，只有财政活动能够触碰到所有社会组织和居民个人并连接政府系统各部门、各级次，财政是应对重大突发事件的最后一道防线。一是财政促进社会主体参与危机治理，形成社会韧性。随着经济社会发展和公民捐赠意识的提升，我国非政府组织、企业、家庭和个人等社会捐助主体的作用越来越重要。实践证明，只有全社会共同参与其中，才能在很大程度上提高公共危机的应对效率和速度。然而，由于具有非强制性、不确定性、随机性等特点，社会捐助难以成为援助主体。要促进社会捐助主体持续、积极地参与危机治理，财政支持不可或缺，而税收作为财政的重要组成部分，对于调动社会捐助主体的积极性具有重要作用。此时财政发挥其调控手段，综合运用财政税收手段，对受疫情影响较大的地区进行较多的财政补贴，以及对受损严重的企业进行适当的税收减免与政策性优惠，以保证事后能够尽快恢复生产平衡，使社会经济尽快恢复与平稳运行。税收优惠政策是激发社会捐助行为的重要手段。在我国，这些优惠政策主要体现在个人所得税和增值税的减免上。例如，所得税中规定捐赠额可以作为费用进行税前扣除以及增值税中规定公益性捐赠可以免税等，这些措施能够有效地激发社会捐助主体在危机治理中的主动参与，在社会层面形成社会韧性，发挥合作性与依存性作用。二是财政促进市场主体参与危机治理，形成经济韧性。这里的市场主体主要是指商业保险公司，并非上述参与社会捐助的企业。公共危机导致巨大损失，商业保险公司难以完全靠市场运作独立承担，往往需要政府的资金支持。从我国现状来看，公众投保意识明显不足，财政支持是应对巨灾的主要支撑力量。目前，我国的商业保险公司面对危机时的应对能力相对较弱。相比之下，发达国家在巨灾保险赔付方面往往能够覆盖直接经济损失的30%—40%，而我国的赔付比例大约为3%。事实上，面对巨灾损失的成本，更需要考虑通过市场化的方式解决，使巨灾应对机制能够更科学、持久地运行。具体而言，社会危害较小、应对难度较低的风险由直保公司自行管理，超出直保公司承受能力的风险由商业的再保险公司帮助风险分散，而超出再保险公司保障能力的风险，由政府引导与兜底，三者缺一不可。从这个角度而言，我国商业保险参与治理公共危机的空间还很大，而这有赖于财政支持，即财政要通过财政投保、财政补贴、税收优惠、专门基金或引导基金等给予鼓励，从而在市场层面形成经济韧性，更好地发挥灵活性与回应性作用。三是财政促进政府主体参与危机治理，形成国家韧性。财政是国家治理的基石和关键支撑，确保了政府的顺畅运作依赖于其坚实的财政支持。作为政府的资金库，财政通过提供资金支持和物质保障，成为国民经济运行和社会发展的润滑剂。我国处在新发展阶段，内外环境复杂多变，突发重大公共危机的持续发生严重影响经济高质量发展进程。为积极求变，应充分发挥财政支持政府各部门参与危机治理的能力，通过及时、足额拨付财政资金，提高财政运转效率，使卫生、公安、环保、商业等相关部门紧密配合，保证及时、有效应对突发重大公共危机，减少损失。突发重大公共危机发生时，政府内部诸多部门之间的协作离不开财政的高效支持，通过财政支持政府各部门高效应对突发重大公共危机，可在政府层面形成国家韧性，发挥持久性与稳定性作用。

综上所述，国家治理现代化、重大突发事件与财政的逻辑关系如图 2－1 所示。当重大突发事件发生时，政府应急财政很有必要介入，这既可以推进国家治理理论的完善，也可以加速实现国家治理体系和治理能力现代化，进一步推动社会稳定与发展。

（三）筹集资金需要

公共财政作为政府的一种形态和财力保障，发挥着防灾、救灾以及灾后重建的终极防线作用，同时也是应对重大突发事件中不可或缺的经济工具。历史经验表明，面对重大灾害性事件，财

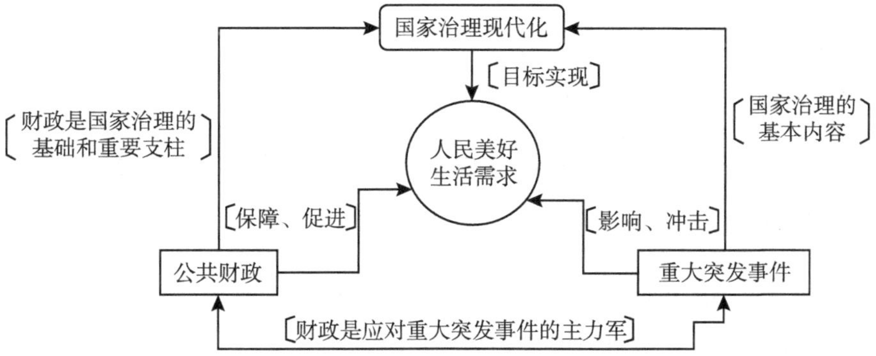

图2-1　国家治理现代化、重大突发事件、财政逻辑关系

政总是首当其冲，站在最前线。重大突发公共事件发生后，会对一个国家或地区经济产生不利影响，造成一定的经济损失，被重大突发事件影响的当事人往往会失去自救能力，此时就需要政府部门在重大突发事件中及结束后，迅速对经济运行进行必要的干预，财政部门筹集资金，动用社会资源去进行救助。为迅速应对危机，政府的组织力与行动力可在短期内筹备大额资金投入危机治理，这是市场与非政府组织无法比拟的。在2003年“非典”期间，中央财政和地方财政从预备费中共拿出58亿元进行防范救治。在2008年汶川大地震发生后，我国政府迅速作出反应，并迅速做出决策。截至2008年6月2日12时，各级财政部门已经累计投入了230.33亿元人民币用于抗震救灾工作。具体而言，中央财政投入了186.8亿元，而地方财政则投入了43.53亿元。2020年中国卫生总费用在7.22万亿元，达到1978年以来的最高值。2021年为7.55万亿元，2022年达到8.5万亿元以上。除财政外，市场和非政府组织都很难提供如此巨额资金。正是凭借其强大的实力，财政部门得以成为抵御和解决公共风险的最终屏障，同时也是应对公共危机不可或缺的工具。当发生重大突发事件时，政府应急财政的介入也可以满足筹集监管财政资金的需要，促进财政资金高效利用，最大化受灾群众的利益，推动社会稳定发展。

（四）建立财政支出＋税收＋预算＋国债等多维度应急机制需要

重大突发事件发生以后，社会以及个人都会遭受严重的损害，被重大突发事件伤害的当事人往往会失去自救能力，迫切需要政府应急财政及时筹集调动资金来提供救助。财政在筹集调动资金时，会动用各种手段，如加大应急支出，启动预备费、增加对受灾严重地区的转移支付、对受灾严重的企业减免税收、发行政府债券筹集资金等。这些手段都是国家在治理灾情时的基本且必备手段，只有应急财政参与进来，这些手段才可以实施。预备费作为应对突发事件的政策工具，发挥着至关重要的作用。依据我国《中华人民共和国预算法》（以下简称《预算法》）的明确规定，各级政府需按照本级政府预算支出的1%—3%的比例设立预备费，以应对突发事件，主要用于当年的自然灾害救灾支出以及其他难以预见的特殊费用。转移支付是应对突发公共事件的支柱工具，由于突发公共事件的突发性和紧迫性，转移支付成为弥补应急资金与重建资金缺口的重要途径。税费降低是突发公共事件灾后重建的主导性政策工具，对受灾地区的企业和民众进行税费减免，发挥财政政策的调节作用，有利于受灾地区快速恢复生产，进行灾后重建。在应对突发公共事件时，要在考虑突发公共事件特征的基础上，兼顾经济社会发展与财政可持续发展，打出政策工具组合拳，实现财政政策工具的优化配置，高效应对突发公共事件。

再者，为了使灾后社会秩序、经济重回正轨，就需要一系列的财政支出、税收、预算、国债等政策去刺激经济发展，而这一系列政策的主导部门便是政府应急财政。突发事件的不可预测性往往在短时间内导致基础设施破坏和人员伤亡，对社会稳定和经济发展产生负面影响。在这种情况下，政府通过综合运用财政政策工具，发挥财政的调控功能，旨在将损失降至最低，并促进经济发展的迅速恢复。在事后恢复重建阶段，依托宏观调控手段，通过税费减免、财政补贴等措施，加强对个人和企业的引导和帮助，充分发挥财税政策的价值。突发重大公共危机发生时，政府内部诸多部门之间的协作离不开财政的高效支持，通过财政支持政府各部门高效应对突发重大公共危机，可在政府层面形成国家韧性，发挥持久性与稳定性作用。因此，无论是灾时应急处置阶段，还是恢复重建阶段，都需要财政支出、税收、国债、预算等方面发力，所以政府应急财政必须介入重大突发事件的救治中去，通过出台一系列财政政策保护经济社会，将损失降到最低，推动经济社会早日步入正轨。

第三章
重大突发事件财政应急机制建设情况

一、财政应急机制框架内容

二、应对突发事件的财税政策及作用机理

三、财政应急机制整体实施效果

自新中国成立以来，党和国家一直将应对突发事件的工作置于重要位置，不断加强和完善突发事件应对的制度体系。我国在应对自然灾害、事故灾难、公共卫生事件等各类突发事件方面的能力不断提升。我们成功地处理了一系列重大突发事件，并有效地化解了众多重大的安全风险。在实践中，我国的突发事件应对机制和体制已经充分展现了其独特的优势和特色。财政是国家治理的基石和核心支柱，其应急机制的构建与应对重大突发事件的能力密切相关。本章分析了我国重大突发事件财政应急机制的框架内容与整体实施效果。框架内容主要包括财政应急的日常运行机制、预警防范机制、灾害时的处置机制、恢复重建机制以及监督评估机制。我国重大突发事件财政应急机制已经建立且运转良好，整体实施效果较好。

一、财政应急机制框架内容

在 2003 年以前，我国重大突发事件财政应急机制的研究还不成熟。自 2003 年“非典”发生以后，国内学者对这方面的研究越来越多，也逐渐走向成熟。自 2003 年起，我国的相关制度亦持续得到完善。2019 年疫情来临时，国家根据疫情的进展制定了多项应对措施，这一系列措施也成为之后财政应对重大突发事件的经验，而这些应对经验的形成也成为财政应急机制建立的开端。在重大突发事件的背景下，公共财政在应急管理中的关键作用已经得到了社会的普遍认可。国家对此也给予了高度重视，并且逐渐构建了一套比较完善的应急管理体系。目前看来，公共财政在应对重大灾害性事件中的应急管理正日益趋向系统化。根据近几年各地出台的《应对重大突发事件的财政应急预案》以及理论界的相应研究成果，我国重大突发事件财政应急机制框架内容一般应包括财政应急日常运行机制、财政应急预警防范机制、财政应急灾时处置机制、财政应急恢复重建机制以及财政应急监督评估机制五大方面（如图3－1所示）。

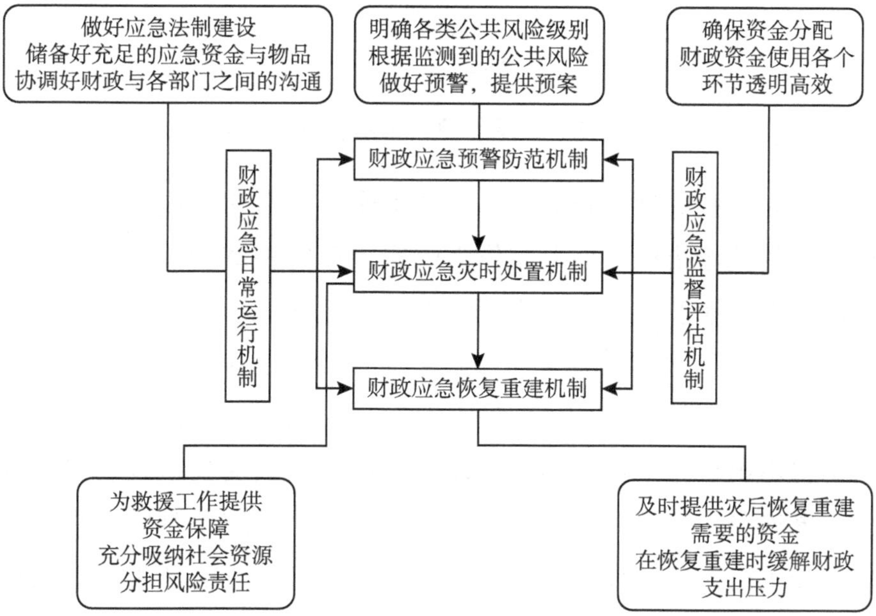

图3－1　重大突发事件财政应急机制框架内容

（一）日常运行机制

财政应急日常运行机制需要将应急制度建设做好，储备好充足的应急资金与物品，协调好财政与各部门之间的工作，进而为应对重大突发事件提供基本保障。财政应急日常运行机制可从应急法律体系、预备费管理以及应急协同治理三个方面入手，以增强应对突发重大公共危机的财政应急日常运行机制。因此，我国财政应急日常运行机制主要包括以下几方面内容（如图 3－2 所示）。

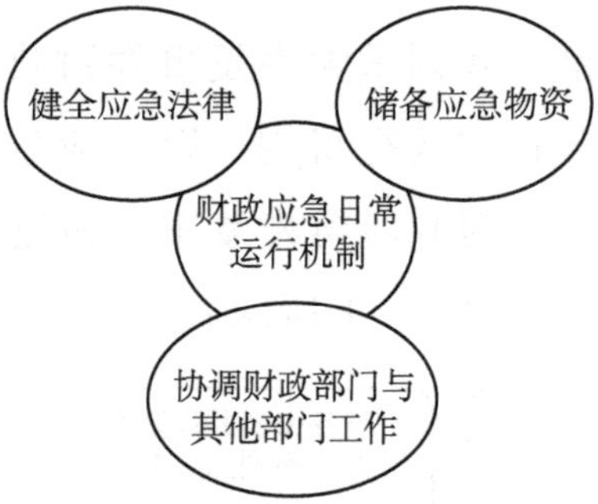

图 3－2　财政应急日常运行机制内容

首先，做好健全相关法律制度工作。法治化构成了国家治理现代化的关键指标，而财政作为国家治理的根基和关键支撑，必须加速完善涉及财政在应急管理中的法律框架。在 2003 年“非典”疫情暴发之前，我国与应急管理相关的法律制度不仅数量稀少，而且分布较为零散。随后，面对重大突发事件的挑战，使国家不得不出台相关法律制度，以此来应对重大突发事件，保障社会和谐安稳，保证我们的国家长治久安。财政应急日常运行机制做好相关的制度建设，必须使公共财政应急管理有法可依。法律是一切机制得以顺利实施的基础和保障，日常运行机制建设的好与差，相关法律制度是否完善起决定性作用。有法可依，对于财政部门来说就是找到资金拨付的政策依据。灾害来临时，中央财政才能够及时有序地组织各项救援工作，地方政府才能将“等、靠、要”的思想摒弃，在灾害发生之际，积极采取行动，在减灾和救灾的过程中发挥其应有的作用。其次，做好物资储备工作。

在灾害性事件的应急管理中，公共财政的首要任务就是在短时间内筹集大量的救灾物资，并将救灾物资及时发到灾民手中。在应急管理领域，财政资金包括了各级政府在灾害管理整个周期内所投入的款项。这些政府不仅包括中央政府和灾害发生地的当地政府，还包括在灾后承担对口援建任务的地方政府。因此，财政应急日常运行机制一方面要做好资金的储备工作，以多种方式筹集更多资金，以备不时之需。理论上来说，财政应急储备资金的手段包括预备费、公债、转移支付以及预算稳定调节基金等，但主要还是以预备费为主。另一方面，财政部门也要对应急物品做好筹集，防止重大突发事件来临时物资短缺。最后，做好部门协调工作。在公共安全事故来临之时，部门协调机制的运转是保证应急工作有序开展的重要条件。精确划分财政应急事权与支出责任是应对突发公共卫生事件的关键前提，它确保了不同地区和各级政府在面对此类事件时能够明确各自的救援职责，进而实现更高效、有序的应急响应。财政部门既要与上下级部门进行工作协调，也要与其他相关部门沟通协作，从而才可以确保应急管理工作的有序展开。

通过健全的法律制度、充分的物资储备以及高效的部门间协调，财政应急日常运行机制能够确保在面对突发事件时，迅速且有效地开展应对措施，能极大地缓解灾害造成的负面影响。

（二）预警防范机制

财政应急预警防范机制是有效减缓公众情绪及减少损失的关键。对于政府财政部门而言，应急预警管理不仅仅是一项经济管理活动，同时也具有非常丰富的内涵，涉及社会综合管理与政治管理等多项内容，应急预警防范机制的有效开展能够保证国家经济安全，对社会经济的稳定发展同样能产生巨大的推动作用。财政应急预警防范机制可从财政风险监测体系以及财政部门风险评估与预警能力两方面入手，以完善应对突发重大公共危机的财政应急预警防范机制。在经济全球化趋势不断发展的当今社会，政府财政部门的管理活动已经发生了很大改变，按照传统的计划经济管理模式已经很难适应市场经济的要求，所以需要借助应急风险预警管理活动的有效开展，不断提升政府部门的忧患意识，积极采取措施来优化传统的管理模式，提前化解危机，以防止严重的社会经济问题的出现。财政应急预警防范机制的关键职责主要有明确各类灾害事件的警戒类别，分析其潜在的公共风险，检测风险目标并及时编制预案，进而化解风险，防止重大突发事件蔓延与加重。它的主要内容包括以下几个方面（如图 3－3 所示）。

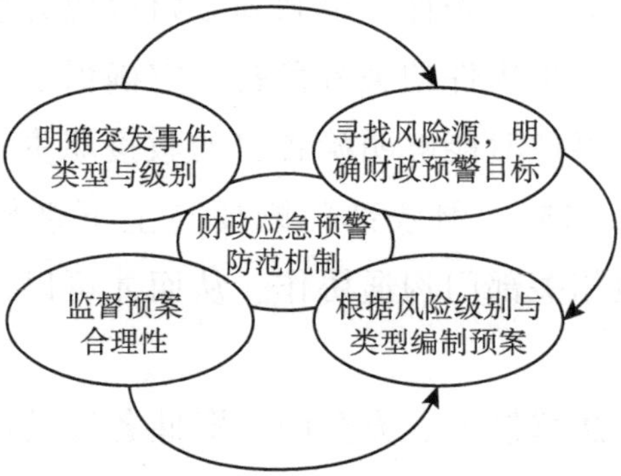

图 3－3　财政应急预警防范机制内容

一是财政部门明确各灾害事件的警戒级别，为后期界定风险级别提供标准；二是进行全面而系统的风险分析，构建一个综合性的财政危机管理网络。寻找风险源，确定风险的类别，明确风险预警机制的目标和监控对象；三是根据分析结果，选择正确风险检测目标，及时准确地了解风险状态，据风险级别及时编制应急预案，建立应急预算，提供预警；四是监督预案编制情况是否合理，完善我国预备费管理。财政应急预警防范是财政在灾时响应的前奏，做好财政应急预警防范机制对财政应急管理工作至关重要。

（三）灾时处置机制

财政应急灾时处置机制处于整个财政应急机制的中心位置，强调在灾害或其他重大突发事件发生时，能够通过政府各级的合作，迅速有效地筹措所需资金，并进行风险共担。在重大突发事件来临之时，财政需要筹集资金以及吸纳社会资源，将救援资金分配到救援工作的各个环节中去，进而为救援工作提供资金支持，保证救援工作的顺利展开。因此，财政应急处置机制主要包括以下内容（如图 3－4 所示）。

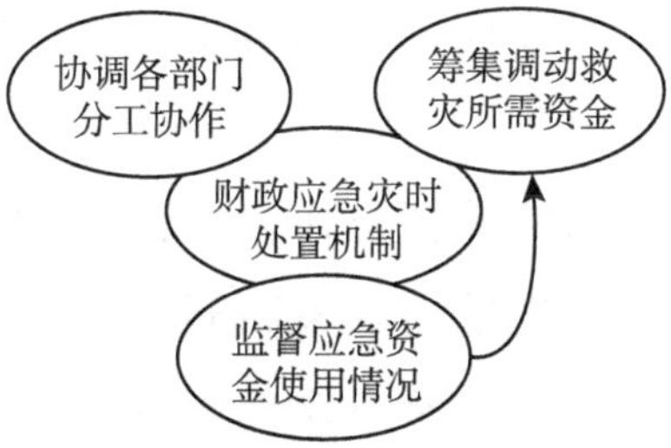

图 3－4 财政应急灾时处置机制内容

一是做好指导工作。各级财政部根据重大突发事件的影响程度迅速建立指挥中心，发挥其统一部署、分工协作的职能，保证及时筹集应急救援所需的资金。对各级政府承担的财政支出不能“一刀切”，应灵活调整不同主体负担的应急财政资金比例，地方应积极发挥主体意识、主体责任、主体作用，履行应急危机管理中的事权责任，中央政府应当增强转移支付的力度，以支持地方政府克服当前的困难。二是做好救援工作。根据重大突发事件的级别迅速启动紧急预案，筹集调动应急资金，保证救援工作的顺利展开。再者，我国的财政资金拨款流程较为复杂，如果层层协商可能造成救援时机的延误。因此，可以结合实际情况简化财政资金拨款流程，迅速调集资金实施救援。三是做好监督工作。面对重大突发事件，财政部门应启动应急救援“绿色通道”，一方面，简化审批程序，确保资金快速直达灾情中心，另一方面，适时进行资金监管，防止前紧后松，资金滥用等有违财经纪律现象的存在，实时监管财政应急资金的使用情况，以防止资金的滥用，救灾效率低下。

（四）恢复重建机制

财政应急恢复重建机制主要做的工作是及时提供灾后恢复重建需要的资金，出台一系列政策帮助受灾群众生活以及社会经济、秩序重回正轨。财政应急恢复重建机制主要包括以下内容。为了有效减轻财政支出压力，财政应急恢复重建机制强调财政部门与其他相关部门之间的紧密协作，共同推动灾区基础设施的修复和建设，同时通过实施适当政策减轻财政负担。此外，财政应急恢复重建机制还包括非政府组织的参与和帮助，增强了社会力量在灾后重建中的作用。总之，该机制通过综合财政支持和政策引导，确保灾后恢复重建工作的高效开展，有助于受灾区域的迅速恢复，同时确保了公共财政资源的合理与高效利用，保障了社会经济秩序的稳定（如图 3－5 所示）。

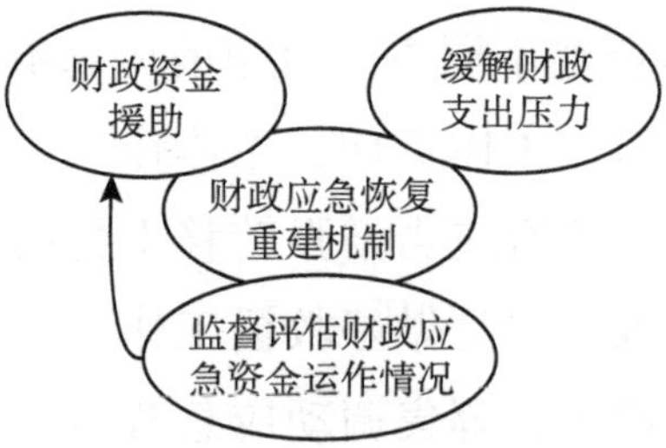

图 3－5　财政应急恢复重建机制内容

一是做好财政援助工作。财政部门充分考虑受灾群众需要后，对需要帮助的人进行资金援助。并且出台一系列的财政税收优惠政策，促进经济快速发展到正常轨道上去。重点支持受重大突发事件影响的企业，对不裁员企业进行税收激励，有助于激发市场活力，增加就业。二是做好缓解财政支出压力工作。财政部门应与其他部门协调合作，在帮助灾区恢复重建，兴建基础设施的同时，出台政策缓解财政压力。三是做好审查财政应急资金运作工作。在恢复中间阶段，资金的投入往往是具有延续性且金额较大的，所以要以更大的力度去推进相关资金的监督、审计工作，对违规使用财政应急资金的单位和个人进行严肃处理，对严重违法行为追究刑事责任。

（五）财政应急监督评估机制

财政应急监督评估机制的作用是监督应急资金的使用，确保资金分配、使用各个环节透明高效、富有效率。它既可以促进中央政策落实到地方，也可以保证应急资金的安全性与效率性。财政应急监督评估机制主要包括三方面内容（如图3－6所示）。

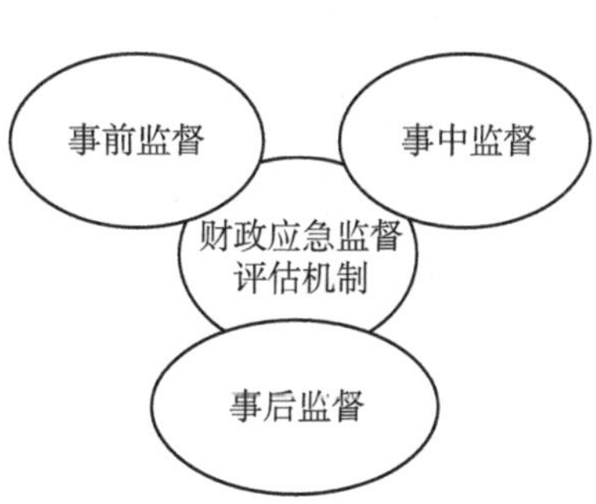

图3－6 财政应急监督评估机制内容

一是事前监督。在重大突发事件发生前，对应急预案的编制是否合理，根据预算指标测算评价预算编制是否科学进行严格监管；对应急基金的申请条件是否符合标准，预算审批程序是否合规进行严格监督；对应急资金使用单位与各政府部门上报的应急情况的真实性进行重点审查，以便财政监管部门进行溯源查询，确保资金使用单位上报信息真实准确，保证应急财政资金精准发放。二是事中监督。重大突发事件发生时道切需要应急资金救援，财政首先要对应急资金的分配环节进行监督，其次要对资金的使用环节进行监督，最后要对中央应急财政政策的落实到位与执行情况进行监督。三是事后监督。重大突发事件发生后的恢复重建期间，财政监督的重点分别为事中监督检查过程中发现的问题和疑点以及应急资金的绩效监督，监督绩效的完成情况，并确定评估方法以进行评价。

二、应对突发事件的财税政策及作用机理

财政是国家治理的基础和重要支柱，是应对重大突发事件的主力军。财政政策涵盖了财政支出、税收、国债以及预算等多个方面，它以启动迅速、直接有效而著称。然而，此类政策亦可能引发过度赤字、经济过热以及通货膨胀等一系列问题。因此，财政政策更适合用于短期调整，而不宜长期且大规模地频繁使用。以新冠疫情的财政政策为例，疫情下的财政政策有针对地方的政策、针对企业的政策，也有针对个人的政策。总体上，政策可分为三大类：第一类涉及地方颁布的政策，大约有 19 项，旨在指导地方政府在疫情期间如何有效发挥财政职能；第二类涉及企业的政策共计 64 项，这些政策覆盖了多方面内容，包括对企业的救助措施；第三类针对个人的政策，如对患者的补助方案，以及

对医护人员的保障措施等。这些政策大概有 21 项。整个政策有 104 项。这些政策涵盖了税收减免、财政补贴、出口退税、贷款展期、贷款贴息、担保优惠以及部分税费的缓期缴纳等多个方面。同时，地方政府也根据本地实际情况，制定并实施了众多配套政策和操作细则。

（一）财税政策

1. 财政支持

根据财政部《国家卫生健康委关于新型冠状病毒感染肺炎疫情防控有关经费保障政策的通知》（财社〔2020〕2 号），经费保障落实到以下三个方面。

一是必须执行患者救治费用补助政策。对于确诊患者所产生的医疗费用，在基本医疗保险、大病保险、医疗救助等按规定支付后，个人承担的部分将由财政部门提供补助，以保障患者的基本生活需求。所需资金将由地方政府先行垫付，而中央政府将根据实际发生的费用向地方政府提供 60% 的财政补助。

二是为参与防疫工作的医护人员和防疫人员提供临时性工作补助。依据一类补助标准，对于那些直接接触疑似或确诊病例，从事诊断、治疗、护理、医院感染控制、病例样本采集以及病原检测等工作的人员，中央财政将给予每人每天 300 元的补助；而对于参与疫情防控的其他医护人员和防疫人员，中央财政将提供每人每天 200 元的补助。补助资金将由地方政府先行垫付，随后中央财政将与地方政府进行实际结算。中央级医疗卫生机构将遵循属地化管理原则，中央财政补助资金拨付至地方后，将由地方财政统一进行分配。

三是为支持医疗卫生机构在疫情防控中所需的防护、诊断和治疗专用设备以及快速诊断试剂的采购，地方财政将负责相关经费的安排。中央财政将根据具体情况提供补助。此外，中央级医疗卫生机构将遵循属地化管理原则，一旦中央财政的补助资金拨付至地方，将由地方财政统一进行分配。

2. 税收优惠

税收，作为政府调控的“看得见的手”，赋予了税收优惠政策以调控宏观经济的独特功能。作为经济杠杆中的一种，宏观经济总量可以被税收调节，也可以对微观经济主体发挥作用，引导其投资，进而优化社会资源配置，国民经济结构也会得到进一步协调，国民经济结构涵盖范围有产业结构、地区结构、资源配置等。在促进产业结构协调方面，特殊行业或产业的发展会通过国家出台的税收优惠政策得到进一步的激励，企业会间接被政策引导作出符合政策目的或有利于国家发展大局的经营决定，从而促使产业结构得以优化调整。在应对突发公共卫生事件时，政府通过税收政策对所需物资的供应和需求两端实施有效调控，降低必需物资及其生产企业的税负，使这类产品可以以较低的价格供应市场，迅速扩大其供应量，为了确保受突发公共卫生事件影响的民众能够满足其基本生活需求。在促进地区结构协调方面，若在突发公共卫生事件发生后，资源流动依然由市场主导，资源综合利用率肯定会下降。遭受突发公共卫生事件袭击的地区，要想恢复经济社会的正常发展，离不开税收的调节，疫情地区急需更多的税收优惠政策扶持，改善其投资条件，增加投资者对疫区投资的未来收入，将更多资源引向疫情地区。在调节资源配置方面，税收还有优化资源配置的功能，企业及个人的经济活动与税收制度规定密不可分，税收可以影响其经营决策从而将人力物力等社会资源进行引流，在合理的范围内重新配置。税收进行资源配置是因为市场机制有时在某种突发特殊情况下，出现失灵现象或者向不好的方向发展，此时就需要政府出面，可采取一些税收举措引流经济资源。在突发的重大公共卫生事件面前，市场资源配置的正常运行和秩序可能会受到干扰，此时，税收政策的介入显得尤为必要，以实现矫正和调节。

自疫情暴发以来，党中央和国务院陆续推出了三批旨在支持疫情防控和促进企业复工复产的税费优惠政策。第一批政策集中于疫情防控，不仅直接支持了医疗救治工作，还涵盖了对生产和运输防疫物资的援助，同时激励了社会各界力量积极参与疫情防控工作。第二批政策则着重于减轻企业社保负担，包括阶段性减免企业养老、失业、工伤保险的单位缴费部分，以及减征基本医疗保险费，旨在降低企业用工成本，增强企业复工复产的信心。第三批政策则专注于小微企业和个体工商户，为增值税小规模纳税人、按单位参保养老、失业、工伤保险的个体工商户，以及为个体工商户减免物业租金的出租方提供税费优惠，以增强他们的抗风险能力，帮助他们克服当前的困难。

一是支持防护救治。（1）取得政府规定标准的疫情防治临时性工作补助和奖金免征个人所得税；（2）个人取得单位发放的预防新型冠状病毒感染肺炎的医药防护用品等免征个人所得税。

二是支持物资供应。（1）对疫情防控重点保障物资生产企业全额退还增值税增量留抵税额；（2）纳税人提供疫情防控重点保障物资运输收入免征增值税；（3）纳税人提供公共交通运输服务、生活服务及居民必需生活物资快递收派服务收入免征增值税；（4）对疫情防控重点物资生产企业扩大产能购置设备允许企业所得税税前一次性扣除；（5）对卫生健康主管部门组织进口的直接用于防控疫情物资免征关税。

三是鼓励公益捐赠。（1）通过公益性社会组织或县级以上人民政府及其部门等国家机关捐赠应对疫情的现金和物品允许企业所得税或个人所得税税前全额扣除；（2）直接向承担疫情防治任务的医院捐赠应对疫情物品允许企业所得税或个人所得税税前全额扣除；（3）无偿捐赠应对疫情的货物免征增值税、消费税、城市维护建设税、教育费附加、地方教育附加；（4）扩大捐赠免税进口物资范围。

四是支持复工复产。（1）受疫情影响较大的困难行业企业2020年度发生的亏损最长结转年限延长至8年；（2）阶段性减免增值税小规模纳税人增值税；（3）阶段性减免企业养老、失业、工伤保险单位缴费；（4）阶段性减免以单位方式参保的个体工商户职工养老、失业、工伤保险；（5）阶段性减征职工基本医疗保险单位缴费；（6）鼓励各地通过减免城镇土地使用税等方式支持出租方为个体工商户减免物业租金。

重大突发事件尤其是重大疫情下，国内各行各业或多或少会受到一定的经济影响，政府除了进行资金补贴外，更需要一系列财税政策的配合，以支持社会对突发事件的处理以及事后的复产复工。在疫情期间推出的财税政策，一方面有效地支持了受灾地区，确保了疫情防控公共产品和卫生资源的有效供给；另一方面，通过实施各种税费减免措施，间接地引导了社会资源的合理分配，缓解了微观个体在疫情冲击下的经济压力。这些政策对于消灭疫情和疫后经济的恢复起到了积极的支持作用。

（二）作用机理

财政构成了国家治理的根基与关键支撑。通过实施涵盖公助、共助、自助以及寻求国际援助等多方面的防灾和抗灾财政分担策略，我们在应对公共危机方面展现出了其他政策难以比拟的优势。

1. 公助

公助涉及上级政府对下级政府，以及政府对企业和个人实施的转移支付。主要有：直接拨款、低息或无息贷款、减免税收等。在灾害引发外部不经济效应的情况下，政府应当采取相应措施，以重新配置资源。

（1）财政补贴。财政补贴作为国家调节经济运行和平衡社会各方利益分配关系的一种经济杠杆和特定手段。它涵盖了多种财政资助形式，旨在保护特定的产业和区域经济，解决结构性失衡或供给“瓶颈”问题。财政补贴是一种转移性支出，它与相对价格的变动紧密相连，能够对资源配置结构、供给结构以及需求结构产生显著影响。当某种灾害发生时，通过面向企业和个人的补贴补助（见图3－7），一方面，由国家财政兜底解决了确诊患者的治病问题，使患者不因为费用问题而耽误救治；另一方面，为防控工作者提供支持，这不仅展现了人文关怀，也激发了他们参与防控工作的积极性。

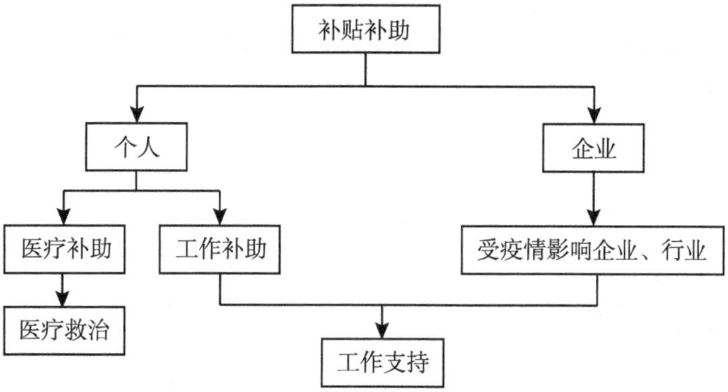

图3－7　财政补贴补助作用机理

（2）税收优惠。税收优惠是指国家在税收领域向纳税人和征税对象提供的各种优惠待遇的总称。它是政府通过税收体系，基于既定目标，对纳税义务人实施的税收负担减免或减轻的一种政策工具。税收优惠，作为税收体系和财政政策的关键构成要素，发挥着至关重要的作用，它不仅促进了经济的增长，还助力于产业结构的调整和资源的优化配置。在事件突发时的应对措施上，我国支持防疫的财税政策优惠“链条”有所延长，在鼓励捐赠，支持一线防疫工作的基础上，更是对保证居民基本生活运转以及对保障性物资生产企业进行财税支持，以确保医疗保障物资的充足供应。针对重大突发事件，税费优惠方面分为对企业和个人的优惠（见图3-8）。企业税收优惠，涵盖捐赠减免和针对重点保障企业的优惠政策，均能有效地激发防控工作的积极性。针对困难行业和小规模纳税人的增值税减免政策，将有助于这些企业迅速恢复运营。同时，减免行政事业性收费将直接推动疫情防控产品的研发进程。社保单位三项费用的减免和延期有助于减轻企业负担。针对个人的税收优惠政策，包括捐赠、工作补助、工作物品等方面，不仅确保补贴政策真正惠及个人，还能激励企业向个人提供防控物品，确保企业能够顺利复工复产。住房公积金的缓缴政策和创业担保贷款的减免措施，均旨在直接减轻个人的经济压力，帮助个人渡过难关。

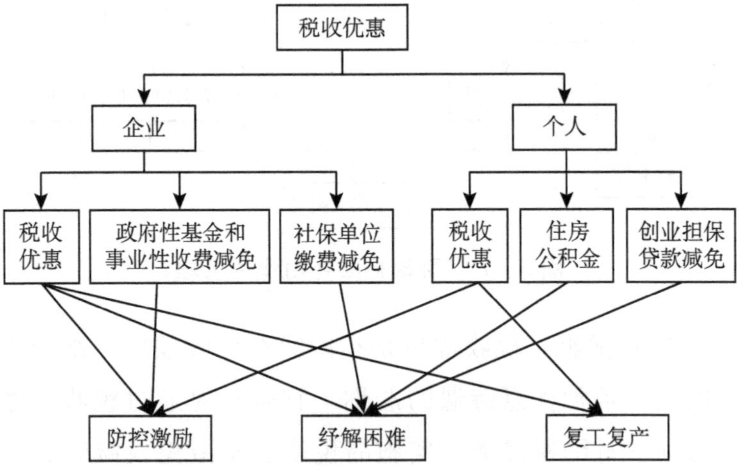

图3-8　税收优惠作用机理

（3）政府采购。政府采购涵盖各级政府机构，其目的在于支持日常行政活动或向公众提供服务。这一过程在财政监督下进行，遵循法定的方式、方法和程序。政府通过公开招标和公平竞争的程序，由财政部门直接向供应商支付款项，以采购所需的货物、工程及劳务，满足政府部门或其附属机构的需求。灾情发生时，政府采购可作用于企业和事业单位（见图3－9）。面对企业的采购单位优先选择重点企业，可以引导企业加大生产产量。兜底收储机制确保企业无需担忧生产过剩的问题。面向事业单位的资金便利通道使事业单位在灾情期间能更便捷地采购灾情防控所需物资，保障工作的正常开展。

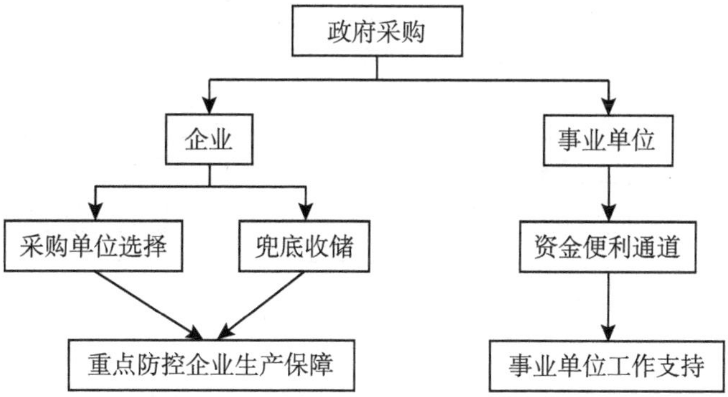

图3－9　政府采购作用机理

（4）资金支持。在应对重大突发事件的应急管理框架中，资金保障发挥着至关重要的作用。充足的资金支持不仅是整个应急管理体系高效运作的支柱，也是其坚实基础。资金支持可作用于地方财政和企业（见图3－10）。财政部所实施的政策，涵盖了提升地方政府财政资金留存比例以及提前实施转移支付等措施，其目的在于直接增加地方政府的可支配收入。通过调整支出结构，这些措施还意在节省其他领域的开支。这三方面的政策协同效应，将有助于缓解地方政府所面临的财政压力。简化资金拨付程序、资金监督检查政策可以让财政资金尽快到位，并保证资金的有效使用。针对企业推出的财政贴息政策能够直接减轻企业的融资成本，从而缓解其在经营过程中所面临的资金压力。综上，资金支持政策能够帮助地方财政和企业解决资金问题，进而助力灾情防控和复产复工。

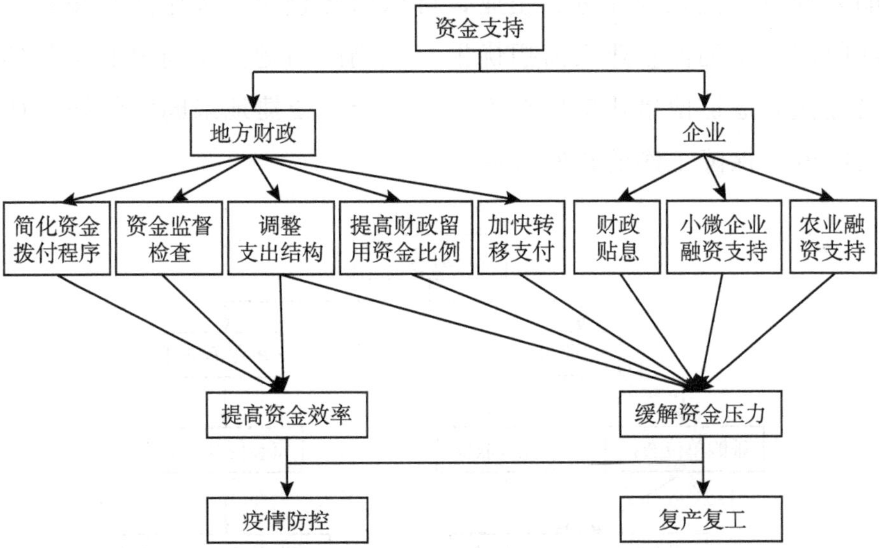

图 3－10　财政资金支持作用机理

依据危机管理理论，危机活动可划分为三个阶段：事前、事中和事后。从时间维度审视，管理活动进一步细分为前期准备、应急响应和恢复重建三个环节。相应地，财政管理亦可区分为灾前、灾中及灾后三个管理阶段。在不同的阶段，应急财政实际产生的作用完全不一样。

首先是预防准备，其作用包括三个部分。其一是资金保障，从中央到地方，都需要专门建立一个应急准备金，对其有效存储。具体包含预备费用、专项国债、巨灾资金、保险费用、社会捐助等。其二是政策支持，专门打造一个储备库，以此将原本的经济调度逐步调整为前期储备，在学术研究方面也要提供支持，并做好宣传工作，促使更多人群能够有所认知，同时对相关人员也要展开全面培训，增强其知识基础和实践能力。其三是管理责任，管理人员需要所有一线人员展开交流，让其明确应急工作的基本程序，了解资金拨付的步骤和政策的实际范围，同时还要和其他部门积极展开交流，彼此合作，共同完成工作任务。其次是应急响应，其作用同样包括三个部分。其一是资金保障，在应急阶段之中，实际需要的资金成本非常高，因此就需要对具体支出的基本结构予以有效调整，结合灾情的实际状况，对相关资源予以有效分配，从而能够充分发挥应有的价值。其二是政策支持，时刻贯彻“急事急办”、遵循“特事特办”的基本原则，我们为应对一些特殊情况，特别设立了一个紧急支付通道。其三是管理责任，针对预拨资金方面，专门建立一个升级小组，对于当前支出的具体情况予以深入检查，明晰每一笔资金的出入。若发现有任何问题，都要及时和上级部门沟通，完成上报，以防有任何问题出现。再次是恢复重建工作，其一是资金保障，针对灾情中的个人和家庭，按照具体灾情状况，提供相应的抚恤金和慰问金。对于工商企业，应当帮助其完成重建。而对于出现破损的房屋，必须及时进行修缮，让其重新发挥作用。其二是政策支持，依靠宏观调控的方式，对个人、企业采取相关税收减免的措施；各级政府也要在恢复重建方面提供相关补助。另外，政府部门还要在政策内容方面做出调整，加强引导，并尝试和贴息补助整合在一起，通过这种方式，我们可以充分利用财税政策的全部价值，从而产生预期的杠杆效应和聚集效应。其三是管理责任，依据“统筹安排、突出重点、分类控制、包干使用”的原则，对所有投入的应急资金予以有效安排，从而使其公开化有所提高。最后基于现有的灾后重建项目部分，应当采取专户管理的模式，对资金成本的正常运作应当予以全面监督，以防有问题产生。

2. 共助

重大突发事件共助是一个涉及多方参与、协同合作的过程，旨在迅速、有效地应对突发事件，减少损失，保障人民生命财产安全。在重大突发事件共助中，涉及多个主体，包括政府、社会组织、企业、公众等，各自承担着不同的职责。政府作为主导力量，负责制定应急预案、调配资源、指挥协调各方行动。政府必须迅速响应，激活应急机制，调动相关部门和力量，以确保应急工作的有序进行。社会组织，涵盖非政府组织、慈善机构、志愿者团体等，于突发事件中扮演着至关重要的辅助角色。这些组织能够迅速调动社会资源，提供包括物资援助、心理疏导以及灾后重建在内的多样化服务。企业作为社会经济活动的核心参与者，在面对突发事件时，同样需要担负起相应的社会责任。企业可以提供技术支持、物资供应、人员协助等方面的帮助，同时积极参与灾后重建工作。公众作为突发事件的最直接受影响者，也需要积极参与共助行动。公众可以通过自救互救、配合政府和社会组织的救援工作、传播正能量等方式，为应对突发事件贡献自己的力量。

因此，共助是在提供财政支持的同时，鼓励公民展现互助精神，倡导民间组织之间相互扶持，树立助人为乐的典范，营造一个充满相互关怀、支持和帮助的社会氛围。从经济学的视角来看，社会群体对于互助的需求和提供的互助都存在不可预测性，这种不确定性有可能会降低社会经济效益。因此，发达国家普遍采取保险制度来达成互助的目标。尽管政府介入风险规制无法彻底根除风险，但通过实施制度化的社会共助安全防护机制，可以将风险分散到共助网络中，有效缓解公共财政的压力。

3. 自助

民众个人不能太过依赖于政府、社会团体的救助，也要增强自我约束、自我解决的能力。重大突发事件的自助主要指的是在突发事件发生时，个人或组织能够迅速采取自我保护和自救措施，以减少损失和保障自身安全。主要包括以下几个方面：一是提前做好准备。了解风险，关注天气预报、地质灾害预警等信息，了解自身所在区域可能面临的突发事件风险；制定预案，家庭或组织应提前制定突发事件应急预案，包括逃生路线、紧急联系方式、物资储备等；物资储备，根据可能面临的突发事件类型，储备必要的应急物资，如急救包、手电筒、干粮、饮用水、防寒衣物等。二是掌握自救技能。主要掌握基本急救知识，学习基本的急救技能，如心肺复苏、止血包扎等，以便在突发事件中能够迅速对受伤人员进行初步救治；掌握逃生技巧，熟悉所在建筑物或区域的逃生通道和出口，了解不同突发事件的逃生技巧，如地震时的“趴下、掩护、握住”原则，火灾时的低姿势逃生等；进行心理调适，保持冷静的心态，避免恐慌和盲目行动，通过心理调适技巧来减轻突发事件带来的心理压力。三是灾后自助与恢复。不仅在灾后对所处环境进行安全评估，确认是否存在次生灾害风险，也要在政府和社会组织的帮助下积极参与灾后重建工作，逐步恢复正常的生产生活秩序。

4. 寻求国际援助

一般可根据灾情的严重程度和经济损失寻求国际援助（见图 3 - 11），包括紧急援助、灾害预防、研究开发。寻求国际援助，不仅有助于缓解国内的财政压力，而且促进了政府与非政府组织之间的国际交流。实际上，国际援助也可能来自其他国家的财政。当前，一国的经济活动已跃出国境，如税基的转移和全球化、企业和居民活动范围远超其国家范围。大国财政是国家能力的体现，国家行为的范围和力度需要财政支撑。大国财政引领人类文明，不仅要注重本国的利益与发展，而且要强调全球的利益与发展，协调并平衡国家利益与全球利益之间的关系，以防范全球性的公共风险。

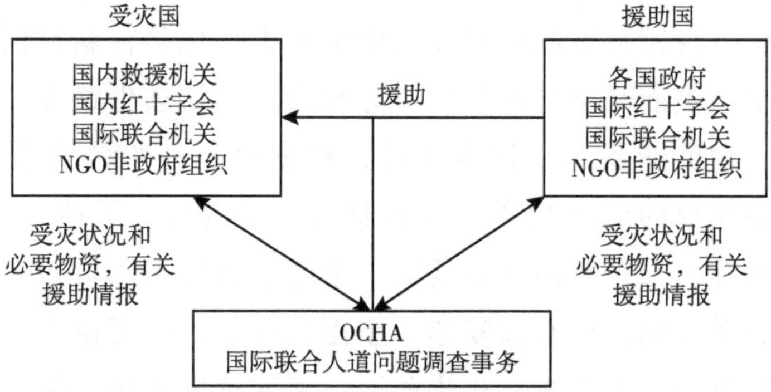

图 3－11　国际援助图

三、财政应急机制整体实施效果

（一）机制基本建立且运转良好

在应急管理机制方面，我国已经基本建立了具有中国特色的应急管理体系。长期以来，我国实行的是“专事专办”的原则，即针对不同类型的突发事件，由相应的职能机构或部门负责应对和处理。具体而言，火灾事故的救援工作由消防部门负责；自然灾害，如洪水和泥石流等，通常由民政部门负责执行救援任务；

而公共卫生事件，如突发疫情和传染病等，则由卫生部门实施相应的救援措施。坚持并加强党对应急管理工作的全面领导，持续优化安全生产、防灾减灾救灾、应急救援等领域的应急管理制度和体系，成功组建了国家矿山安全监察局和国家消防救援局。通过发挥应急管理部门的综合优势以及相关部门的专业优势，加强统筹与分工相结合、预防与救援协同、上下级联动，我们已经基本构建起了一个统一指挥、专业与常规相结合、反应迅速、上下联动的中国特色应急管理体系。有效加强重大安全风险的防控至关重要。我们应坚持在日常工作中下功夫，推动应急管理的关口前移，致力于从根本上消除事故隐患。同时，必须全面规划并执行九项关键的自然灾害防治工程，同时组织并开展首次全国性的自然灾害综合风险普查。此外，我们应稳步推进区域应急救援中心的建设，初步建立国家灾害综合监测预警平台。在此基础上，我们应特别加强预警与应急响应的联动机制，建立直接联系基层责任人的预警“叫应”机制，以便提前转移受灾害威胁的群众，并引导社会公众做好防灾避险的准备工作。把握住遏制重特大事故的关键环节，制定标本兼治、遏制重特大事故工作指南，推动中共中央办公厅、国务院办公厅印发《关于全面加强危险化学品安全生产工作的意见》，出台实施安全生产十五条硬措施，强力推进安全生产执法改革。开展安全生产专项整治三年行动和重点行业领域专项整治，标本兼治提升本质安全水平，有效应对一系列重大灾害事故。从研判风险、应急预案、力量预置等方面全方位强化应急准备，有效应对处置了福建泉州酒店坍塌、2020 年全国严重洪涝、山东栖霞笏山金矿爆炸、2021 年严重秋汛、四川泸定 6.8 级地震等一系列重特大灾害事故，最大限度减少人民群众生命财产损失。

财政应急机制方面，我国在 2003 年非典疫情以后，逐渐重视财政应急机制的建立，在 2008 年以后，各级财政部门出台了

《应对重大突发事件的财政应急反应预案》，规定了应急状态下财政资金的拨付流程、时间要求以及方式等内容。遵循“统一指挥、反应迅速、协调有序、运转高效”的原则，财政部门在应急管理机构的统一领导下，积极推进应急管理制度的构建和完善。同时，财政部门明确了其在应急管理中的具体职责和角色定位。基于这一清晰的定位，财政部门积极主动地与相关部门进行沟通与协调，构建并加强了跨部门的协调机制，确保了应急管理工作的协同性和有序性。此外，财政部门还确保了应急资金的迅速拨付，满足了应急管理工作的资金需求。在 2019 年年末以及 2020 年的新冠疫情防控中，财政应急部门急事急办，特事特办，在这场与病毒的斗争中贡献了重要力量。2023 年，针对近期京津冀地区遭遇的暴雨洪涝灾害，财政部和应急管理部迅速行动，紧急预拨了中央自然灾害救灾资金。此举旨在支援三省（市）的防汛救灾工作，确保将人民群众的生命财产安全置于首位，力求最大限度地减少人员伤亡和财产损失。

财政应急部门重点做了四项工作：第一，以最快的速度建立起了便利、规范、高效的灾情防控资金保障体系。一是突出保障部属单位正常运转和重点业务经费。在财政部资环司的大力支持下，重点保障了应急使命演练、安全生产三年行动、危化品监管、防火物资储备等重点项目。二是全力支持地方做好救灾工作。高度重视防灾救灾工作，密切关注灾害发生情况，重大自然灾害发生后，财政部第一时间下达预拨资金，及时传递党和政府的关怀，确保救灾工作有序且高效地推进，全面保障受灾群众的基本生活需求。在新冠肺炎疫情的防控时期，对确诊患者全额补助医疗费用，对参加一线救治的医护人员以及防疫工作者给予生活补助，确保其正常生活。为应对京津冀地区遭受的暴雨洪涝灾害，财政部和应急管理部迅速行动，紧急预拨 1.1 亿元人民币中央自然灾害救灾资金。这笔资金将专门用于支持北京、天津和河北三省市的防汛救灾工作。地方相关部门将负责资金的统筹安排，确保其被有效用于应急抢险救援以及对受灾群众的救助。此项工作重点包括：紧急搜救并转移安置受灾人员、排除安全隐患并进行应急处置、开展对次生灾害隐患的排查和整治以及修复因灾害受损的民房。第二，为了推动企业复工复产，颁布实施了多项财税政策。打出“减”“免”“缓”“返”牌，为了将企业损失降到最低，对受疫情影响较大行业企业给予增值税、社保费、医保费、所得税、公积金、失业保险金等方面的政策优惠；为了保证企业顺利复工复产，解决企业融资难问题，专门出台了降低企业融资担保费用的政策；为了提高员工工作积极性，积极援企稳岗，对职业培训进行了补贴。第三，加大项目资金支持力度。显著扩大地方政府债券发行量，借助提升财政赤字比率来筹集所需资金。第四，牢牢守住“三保”底线。加大对困难地区的资金补助，减少一般性支出，确保“三保”的正常运行。

与2003年非典以及2008年汶川地震时的政策相比，自2019年以来，从新冠疫情的救助政策到京津冀地区洪涝灾害救助政策，实现了“不因资金问题而影响防控工作”的承诺，政策及时，救助效率高，在此基础上，财政部门积极与相关部门进行沟通与协调，建立一个高效的部门间协调体系，确保应急管理工作得以协调一致且有序地推进，同时保障应急资金的及时发放，以满足各项应急管理任务的资金需求。这是我国财政应急管理工作取得的巨大进展，说明我国经历了一次次重大突发事件的洗礼后，财政应急机制已经建立起来并且运转有效。

（二）医疗卫生财政支出规模逐年增加

随着经济的蓬勃发展和社会生活水平的持续提升，公众对生活质量和健康品质的追求正变得越来越高，但伴随而来的是人口寿命更长，社会环境的复杂化加剧，疾病问题更加突出，医疗卫生负担越加严峻，这一切对医疗卫生领域的财政投入提出了更高的要求。

由图 3－12 可见，2010—2020 年，我国医疗卫生财政支出总规模逐年增加，从 4 730. 62 亿元增加至 18 873. 41 亿元（2021 年为 19 204. 8 亿元），总增长超过大约 4 倍，最高年增长率为 2013 年的 22. 96%，最低年增长率为 2018 年的 6. 52%。总体来看，年增长率呈现出逐步下降的趋势；然而，医疗卫生财政支出在总财政支出中的比重却持续上升。自 2010 年的 5. 35% 增长至 2020 年的 8. 96%，增加了 3. 61 个百分点。因此，无论是从医疗卫生财政支出的绝对规模还是其在总财政支出中所占的相对比重来看，我国在医疗卫生领域的财政投入都在逐年增加，这反映出我国对卫生医疗事业的重视程度日益增强。

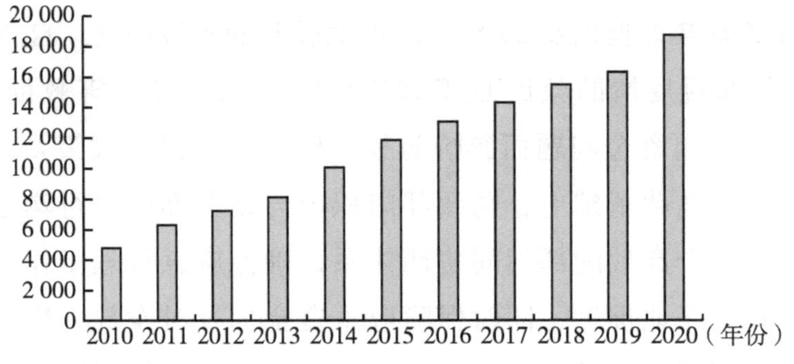

图 3－12　2010—2020 年医疗卫生财政支出示意图

数据来源：2011—2021 年《中国统计年鉴》。

（三）部门协调机制初步建立

我国部门协调机制初步建立并逐渐完善。2005 年，我国颁布实施了《国家突发公共事件总体应急预案》，其中规定，财政部门要听从应急管理机构的统一指挥，在推动应急管理制度建设时要与多方协调，高效、速度地做好多项应急管理工作。自此之后，我国财政应急部门协调机制初步建立。在此之后，财政部门为了完善部门协调机制，又与相关部门积极地展开沟通工作，从而满足应急资金需求，确保应急管理工作有序展开。

2024 年 6 月 28 日，第十四届全国人大常委会第十次会议以高票赞成修订后的《中华人民共和国突发事件应对法》。该法律对部门间的协调合作作出了明确规定。首先，应对突发事件的工作必须坚持中国共产党的领导，并以习近平新时代中国特色社会主义思想为指导方针。其次，法律强调了建立一个集中统一、高效权威的中国特色突发事件应对领导体制的重要性，并进一步完善了以党委领导为核心、政府负责、部门联动、军地联合、社会协同、公众参与、科技支撑、法治保障的治理体系。在总则中作出这一规定，要求把坚持党的领导最高政治原则贯彻到突发事件应对工作全过程各方面，具有统摄作用，分则中有关规定对“党委领导、政府负责”进一步作出具体规定。最后，为了完善应对突发事件的管理和指挥体系，必须明确各方的责任。为此，建议设立专门章节，对管理与指挥体系进行明确规定。一是应确立国家建立一个统一指挥、专常兼备、反应迅速、上下联动的应急管理体制，以及一个综合协调、分类管理、分级负责、以属地管理为主的工作体系。同时，财政部门积极强化与其他部门的协作与配合，精确界定财政部门在应对突发自然灾害中的角色与职责，迅速调配财政资金，确保应急响应工作的高效运作。二是明确县级以上人民政府及其应急管理部门、卫生健康部门、公安部门等在应对突发事件中的职责。财政事权与支出责任的划分，直接关系到应急责任的承担以及资金支出分担的界定。对财政应急事权与支出责任进行细致划分，是应对突发公共卫生事件的关键前提。这能够确保各级政府在应对突发公共卫生事件时，明确自身的救助责任，从而实现更高效、更有序的应急响应。三是明确跨行政区域的突发事件应对以及协同应对机制。四是规定突发事件应急指挥机构的建立和组成，同时明确该机构在处理突发事件过程中所发布的决定、命令和措施，与设立它的人民政府发布的决定、命令、措施具有同等效力，法律责任由设立它的人民政府承担。五是明确乡镇街道、村（居）委会以及武装力量等在突发事件应对工作中的职责，鼓励支持引导社会力量依法有序参与突发事件应对工作，进一步构建突发事件应对工作的协同机制，提高全社会应对突发事件能力的总体水平。

目前，我国财政应急工作正处在稳健发展阶段，部门协调机制也逐渐完善。在新冠疫情期间，我国全面展开了抗击病毒的国际合作，这一举措赢得了国际社会的广泛赞誉。我国的国际影响力、感召力以及塑造力都得到了显著提升。

（四）灾后救助财政政策有力有效

重大灾害性事件的突发性凸显了应急管理的至关重要性。尽管减灾和救灾措施能够在短期内缓解灾情，但它们并非灾害管理的全部内容。灾后恢复与重建工作才是确保长远发展的关键保障。因此，灾后资金补偿的重要性不言而喻。灾后资金的分配必须经过严格的审批流程，以确保资金效用的最大化，并且要求资金的分配既及时又迅速。因此，灾区资金补偿的审批流程应当实现程序化管理，确保每一笔资金的发放都经过适当的批准程序，同时审批部门需要迅速作出是否批准的决策。财政政策是重大突发事件后防控灾情，助力社会经济正常的重要保证。财政政策有两方面的作用，一方面是推出资金援助政策，为老百姓提供救助，保证老百姓的正常生活；另一方面是提供实施支持、救助政策，推动经济社会步入正常轨道，帮助企业复工复产。自 2003 年“非典”暴发至今，我国灾后救助的财政政策逐渐有力有效。

在 2003 年“非典”期间，财政部门为“非典”阻击战的胜利颁布实施了众多政策。为了保证国民经济持续快速发展，及时提供了财力：为了减缓“非典”对企业的冲击，实行了阶段性扶持政策。“非典”时期的财政政策对阻碍疫情蔓延，帮助企业走出困境，推动整个社会发展发挥了重要作用。2008 年汶川地震期间，财政部门也颁布了众多政策救灾与恢复国民经济，分别在 2008 年 5 月 19 日与 6 月 30 日发布了《关于认真落实抗震救灾及灾后重建税收政策问题的通知》（财税〔2008〕62 号）以及《国务院关于支持汶川地震灾后重建政策措施的意见》（国发〔2008〕21 号），对受灾地区进行了一系列的税收优惠与政策扶持，取得了很大成效。

新冠疫情暴发以来，财政部、国家税务总局以习近平总书记的重要指示为精神指导，在党中央与国务院决策部署下，以疫情防控需要为出发点，联合发布了众多公告，推出了税收优惠政策，为战胜疫情做了巨大贡献。具体支持政策见表 3－1。

表 3－1　　财政支持新冠疫情救治的具体政策

财政支持新冠疫情救治的政策	具体政策解析
支持防护救治	个人取得单位发放的预防新型冠状病毒感染肺炎的医药防护用品等免征个人所得税
	取得政府规定标准的疫情防治临时性工作补助和奖金免征个人所得税

续表

财政支持新冠疫情救治的政策	具体政策解析
支持物资供应	纳税人提供公共交通运输服务、生活服务及居民必需生活物资快递收派服务收入免征增值税
	纳税人提供疫情防控重点保障物资运输收入免征增值税
	对疫情防控重点保障物资生产企业全额退还增值税增量留抵税额
	对卫生健康主管部门组织进口的直接用于防控疫情物资免征关税
	对疫情防控重点物资生产企业扩大产能购置设备允许企业所得税税前一次性扣除
鼓励公益捐赠	无偿捐赠应对疫情的货物免征增值税、消费税、城市维护建设税、教育费附加、地方教育附加
	直接向承担疫情防治任务的医院捐赠应对疫情物品允许企业所得税或个人所得税税前全额扣除
	通过公益性社会组织或县级以上人民政府及其部门等国家机关捐赠应对疫情的现金和物品允许企业所得税或个人所得税税前全额扣除
	扩大捐赠免税进口范围
支持复工复产	阶段性减免企业社保费和实施企业缓缴住房公积金政策，减免规模将超 5 000 亿元
	自 2020 年 3 月 1 日至 5 月底，免征湖北省境内小规模纳税人增值税，其他地区征收率由 3% 降至 1%

续表

财政支持新冠疫情救治的政策	具体政策解析
	受疫情影响较大的困难行业企业2020年度发生的亏损最长结转年限延长至8年
支持复工复产	对除“两高一资”① 外所有未足额退税的出口产品及时足额退税；扩大鼓励外商投资产业目录，使更多领域的外商投资能够享受税收等有关优惠政策；对近期出台的减税降费等助企纾困政策，要确保内外资企业同等享受

资料来源：宁婧．税务总局出台应对疫情财税政策“组合拳”有力支持民营经济发展［N］．中国产经新闻，2020-02-20（008）。

2024年修订的《中华人民共和国突发事件应对法》进一步完善了应急保障制度的相关规定。该法律规定了必须建立和健全应急物资储备保障体系，要求县级以上地方人民政府根据实际情况，依法与具备条件的企业签订协议，确保这些企业能够依照协议生产和供应必要的应急救援物资。此外，法律还强调了建立完善的应急运输保障体系和能源应急保障体系的重要性。同时，加强了对应急避难场所规划、建设及管理工作的重视。发布警报，进入预警期后，对重要商品和服务市场情况加强监测，并与价格法等有关法律作了衔接规定。

① 2005年《中华人民共和国国民经济和社会发展第十一个五年规划纲要》明确提出：“控制高耗能、高污染和资源性产品出口……促进国内产业升级。”在产业经济、商品贸易等领域，开始将“高耗能、高污染和资源性”称为“两高一资”，将具有这3种特点的行业称为“两高一资”行业，生产过程中具有这3种特点的产品称为“两高一资”产品。

由上述所述可以看出，重大突发事件的救治离不开财政政策的支持，我国自 2003 年“非典”暴发以来，所出台的财政救助政策越来越有力有效。在 2019 年年末以及 2020 年的新冠疫情防控中，党中央的领导高度重视，财政部积极配合，在全国人民全力应对下，我国新冠疫情防治工作成效斐然，已经取得新冠疫情这场重大突发事件战役的重要胜利。

第四章 财政应急机制有效性评估——以“COVID－19”为例 *

一、评估原则及方法说明

二、评估指标体系构建

三、公共财政应急机制评估

四、我国重大突发事件公共财政应急机制存在的问题

* 重要说明：本部分实证完成于 2021 年（数据截至 2020 年），且已发表论文，并在 2021 年 5 月财政部中国财政科学研究院、中国财政学会举办的“重大突发公共卫生事件应对暨健康风险管理研讨会”上做发言，提交论文并被收录出版。因此，数据分析和结论均截至 2020 年底。由于课题完整性需要，部分数据增加到 2022 年，但不作为结论主要分析依据，特此说明。

学者们对重大突发事件公共财政应急管理的研究集中在公共财政应急管理的内涵、存在问题、解决对策方面。少数学者的分析集中在应急资金方面，没有进行整体评价，如马蔡琛、赵笛在《公共卫生应急资金的绩效管理——基于新冠肺炎疫情的考察》（2020）中设计了公共卫生应急资金绩效指标；刘骅、吴丹在《新冠肺炎疫情防控财政资金审计研究》（2020）中构建了疫情防控财政资金审计演化博弈模型，对审计机关与被审单位策略选择的演化稳定性进行了分析。另外，刘鸿在《地方政府公共应急管理绩效评估机制研究》（2013）中利用层次分析法提出了关于政府危机管理绩效评估指标的构建思路，但是没有对指标进行展开分析，也没有具体的案例分析。

由此可见，由于研究内容的复杂性以及数据的难获得性，几乎没有学者设计具体量化的指标体系评估重大突发事件公共财政应急机制，也没有具体的实证案例。本书在借鉴众多学者成果的基础上，利用层次分析法设计了“三层叠加、逐级收敛”的评估指标体系，将定性的内容以赋予权重与打分的形式定量化，旨在从整体上、实证案例方面评估公共财政应急机制的有效性。

但是，本书尝试性地运用层次分析法通过专家打分得出的指标权重以及分析结果，存在主观性较强与量化程度不足的问题，笔者会在未来的研究中进一步深化，以弥补不足。

一、评估原则及方法说明

（一）评估原则

无论选择何种评估方法，构建何种评估指标体系，都需要遵循一定的原则。公共财政应急机制的有效性评估需要在五方面进行规范，分别是具体性、可度量性、适当性、现实性、时效性，这五方面共同构成了“SMART”原则。“S”指“Specific”一词，表示具体的、明确的，表明评估指标的设计既要明确又要具体；“M”指“Measurable”一词，表示可测量的、可度量的，表明所选取的评估指标是可以用具体数据来测量的；“A”指“Achievable”一词，表示可完成的、适当的，表明所选取的评估指标要合适；“R”指“Realistic”一词，表示注重实际的、现实的，表明评估指标的选择要符合现实要求；“T”指“Time—Bound”一词，表示有时间限制的，表明评估指标的选取要有时间约束。公共财政应急机制有效性的评估需要在遵循“SMART”原则的基础上选择评估方法，构建评估指标体系。

（二）评估方法

该部分内容采取评估指标综合最常用的方法——层次分析法（Analytic Hierarchy Process，简称 AHP）对公共财政应急机制的有效性进行评估。层次分析法（AHP）是一种处理复杂因素，将与决策相关的因素分解为目标层、准则层、方案层，对其进行定量与定性分析的方法。1971 年，美国匹兹堡大学教授萨蒂（ThomasL · Saaty）最早提出了该方法。该方法自提出后经过不断修正已经逐渐成熟，被广泛应用于多指标综合评级模型中。层次分析法所用数学工具主要是矩阵运算，特点是结合运用定性与定量分析法，优势是简洁灵活，便于分析。层次分析法的基本原理是：对需要评估的问题先看作一个大系统，将对其有影响的因素按照从属关系构造层级结构，之后对各因素两两比较重要性，利用数学的方法构造矩阵，层层计算矩阵并分析其结果，赋予各项指标权重，最后根据层层分析结果做出政策的有效性分析（见图 4－1）。

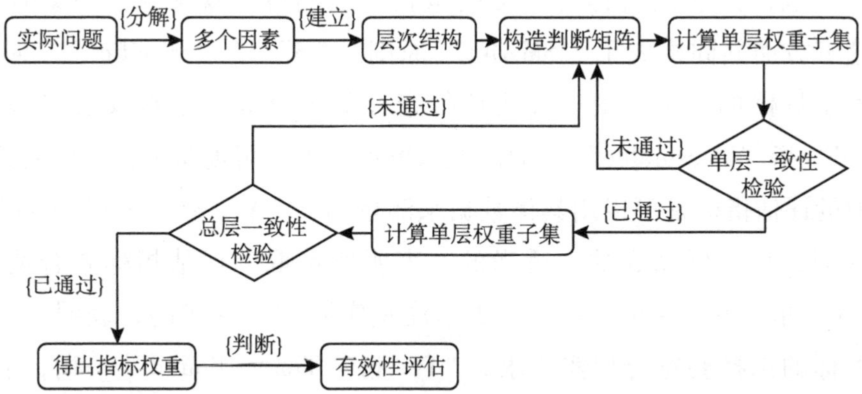

图 4－1　AHP 法基本原理

二、评估指标体系构建

（一）指标选取与说明

由于重大突发事件公共财政应急机制的复杂性且数据难以获得，几乎没有学者设计具体指标体系来对其有效性展开量化评估。本书在借鉴前人理论成果的基础上，总结出了重大突发事件公共财政应急机制的框架内容，并以该内容作为指标选取的依据，力求对重大突发事件公共财政应急机制的有效性展开评估。

由我国重大突发事件公共财政应急机制框架内容可知，评估公共财政应急机制有效性应对财政应急日常运行机制、财政应急预警防范机制、财政应急灾时处置机制、应急恢复重建机制、财政应急监督评估机制展开评估。其中，财政应急日常运行机制应通过应急法律完备程度、应急物资储备能力、部门沟通协作能力3个指标来体现有效性；财政应急预警防范机制应通过预警范围界定能力、风险分析能力、提供预警方案能力3个指标来体现有效性；财政应急灾时处置机制应通过央地财政事权财权划分清晰度、筹集调动资金能力、风险分担能力3个指标来体现有效性；财政应急恢复重建机制应通过转移性支出恢复重建能力、减税降费恢复重建能力、赤字财政政策恢复重建能力、政府债券恢复重建能力4个指标来体现有效性；财政应急监督评估机制应通过事前监督能力、事中监督能力、事后监督能力3个指标来体现有效性。

（二）建立层次模型结构

运用层次分析法建立模型结构时，要把研究问题逐渐条理化、层次化，分为最高层——中间层——最底层，自上而下，上层受下层影响，但同一层内的因素又相互独立。在每一层中，由于支配的元素过多会给两两比较带来困难，影响因素一般不超过9个。在各层中，最高层也称为目标层，它是指要分析解决的问题，通常情况下总目标只有一个；中间层包含了决策时的备选方案，也被称作准则层，包含了准则甚至子准则两层内容；最底层涵盖了为实现目标所需要的实施的方案，因此也被称为方案层。

为设计评估公共财政应急机制的指标，笔者在遵循“SMART”原则的同时使用层次分析法，咨询或者借鉴了相关学者和专家的理论成果后，设计了“三层叠加，逐级收敛”的指标体系，由目标层、准则层、方案层三部分构成。该评价指标体系有目标层1个，准则层5个，方案层16个（见表4－1）。

表4－1　　公共财政应急机制评价指标体系

目标层	准则层指标	方案层指标	指标内涵
A公共财政应急机制有效性评估	B1应急日常运行机制	C1应急法律完备程度	财政应急法律：①数量；②专业性
		C2应急物资储备能力	日常为应急事件筹集物资：①应急资金储备；②医疗卫生公共服务供给
		C3部门沟通协作能力	财政部门协作：①与上下级部门工作协调；②与其他相关部门沟通协作
	B2应急预警防范机制	C4预警范围界定能力	灾害事件：①警戒级别；②早期识别
		C5风险分析能力	全面、系统分析：①可能存在的风险；②寻找风险源；③确定风险的类别
		C6提供预警方案能力	根据分析结果：①选择正确风险监测目标；②及时提供预警
	B3应急灾时处置机制	C7央地财政事权财权划分清晰度	中央与地方：①财政事权划分；②支出责任划分；③省以下财政事权与支出责任划分
		C8筹集调动资金能力	筹集调动资金：①中央财政反应；②各级财政安排
		C9风险分担能力	财政风险分担：①医疗保险；②商业保险；③社会捐赠

续表

目标层	准则层指标	方案层指标	指标内涵
A公共财政应急机制有效性评估	B4 应急恢复重建机制	C10 转移性支出恢复重建能力	转移性支出：①中央对地方；②特殊转移支付
		C11 减税降费恢复重建能力	减税降费：①政策制定；②实施效果
		C12 赤字财政政策恢复重建能力	赤字财政：①赤字规模；②赤字率
		C13 政府债券恢复重建能力	政府债券：①地方专项债；②抗疫特别国债
	B5 应急监督评估机制	C14 事前监督能力	事前：①救灾申报流程；②拨付标准
		C15 事中监督能力	事中：①资金使用；②政策落实
		C16 事后监督能力	事后：①事中问题监督反馈；②应急资金绩效评估

（三）构造判断矩阵并请专家填写

心理学家认为成对比较的因素不得超过 9 个，也就是说每层不能超过 9 个因素。在填写判断矩阵时，需要向填写人（专家）反复询问，统计整理专家客观、公正的意见，客观判断各项指标的重要性，然后对重要性程度按 1—9 赋值，构成矩阵形式，矩阵的一般形式见表 4－2，矩阵中指标如何赋值见表 4－3。

表 4－2　　判断矩阵

A_k	B_1	B_2	…	B_n
B_1	b_{11}	b_{12}	…	b_{1n}

续表

B_2	b_{21}	B_{22}	…	b_{2n}
…	…	…	…	
B_n	b_{n1}	B_{n2}	…	b_{nn}

表 4－3　　　　层次分析法的评价尺度

X_{ij}的标度	含义
1	两指标（X_i，X_j）相比，具有同等重要程度
3	两指标（X_i，X_j）相比，X_i 比 X_j 稍微重要
5	两指标（X_i，X_j）相比，X_i 比 X_j 明显重要
7	两指标（X_i，X_j）相比，X_i 比 X_j 十分重要
9	两指标（X_i，X_j）相比，X_i 比 X_j 极端重要
2，4，6，8	取上述两相邻判断的中值
上列数之倒数	两指标（X_i，X_j）相比，X_i 比 X_j 的不重要的描述

由表 4－2、表 4－3 可知，在判断矩阵中，$b_{ii}=1$ 及 $b_{ij}=1/b_{ij}(i,j=1,2\cdots n)$。因此，在 n 阶判断矩阵中，仅需得到 $Cn=n(n-1)/2$ 个元素的值便可知道全部元素的值。

（四）层次单排序与一致性检验

单排序是对每一个判断矩阵的相关因素确定权重，在进行层次单排序时，具体公式为：

1. 计算矩阵每一行元素和乘积：

$$M_i = \prod_{j=1}^{n} a_{ij}, i = 1,2,\cdots,n.$$

2. 计算 Mi 的 n 次方根：

$$\overline{W}_i = \sqrt[n]{M_i}.$$

3. 计算权重值：

$$W_i = \frac{\bar{W}_i}{\sum_{j=1}^{n} \bar{W}_j},$$

4. 计算判断矩阵的最大特征值：

$$\lambda_{\max} \approx \sum_{i=1}^{n} \frac{(AW)_i}{nW_i}.$$

式中：A：判断矩阵；W：特征向量

在对矩阵进行层次单排序之后，需要检验排序的一致性，要想证明矩阵在逻辑上是合理的，就必须让其通过一致性检验，通过检验后才能继续分析结果。

当 C·R＝C·I/R＜0.10 时，判断矩符合一致性要求，当 C·R＞0.10 时，判断矩阵不具有一致性，检验不通过，需要重新修正判断矩阵。

式中 $C \cdot I = \lambda_{\max}^{-n} / n-1$

R·I 数值如表 4－4 所示。

表 4－4　　1－9 阶矩阵的平均随机一致性指标

阶数 n	1	2	3	4	5	6	7	8	9
R·I	0.00	0.00	0.58	0.90	1.12	1.24	1.32	1.41	1.45

本书在对各个指标进行打分时，共咨询了 5 位专家，其中，3 位专家来自公共财政领域，2 位专家来自应急管理领域，并将所有专家打分的结果进行了汇总。另外，因为本书所选取的指标对公共财政应急机制有效性的影响差距不大，所以只让专家在对 1—4 分内赋值，具体结果如表 4－5 至表 4－10 所示。

表 4－5　　公共财政应急机制效果的层次单排序

A 机制有效性	B1 应急日常运行机制	B2 应急预警防范机制	B3 应急灾时处置机制	B4 应急恢复重建机制	B5 应急监督评估机制	W
B1	1	1/4	1/3	1/2	1	0.0879
B2	4	1	2	3	4	0.4136
B3	3	1/2	1	2	3	0.2576
B4	2	1/3	1/2	1	2	0.1530
B5	1	1/4	1/3	1/2	1	0.0879

注：C·R = C·I/R·I = λmax − n/[n − 1(R·I)] = 0.0003/(4 × 1.12) = 0.00007 < 0.1。

表 4－6　　应急日常运行机制的层次单排序

B1 应急日常运行机制	C1 应急法律完备程度	C2 应急物资储备能力	C3 部门沟通协作能力	W
C1	1	1/2	1	0.2500
C2	2	1	2	0.5000
C3	1	1/2	1	0.2500

注：C·R = C·I/R·I = λmax − n/[n − 1(R·I)] = 0.0370/(2 × 0.58) = 0.0319 < 0.1。

表 4－7　　应急预警防范机制的层次单排序

B2 应急预警防范机制	C4 预警范围界定能力	C5 风险分析能力	C6 提供预警方案能力	W
C4	1	1/2	1	0.2500
C5	2	1	2	0.5000
C6	1	1/2	1	0.2500

注：C·R = C·I/R·I = λmax − n/[n − 1(R·I)] = 0.0370/(2 × 0.58) = 0.0319 < 0.1。

表 4－8　　应急灾时处置机制的层次单排序

B3 应急灾时处置机制	C7 央地财政事权财权划分清晰度	C8 筹集调动资金能力	C9 风险分担能力	W
C7	1	1	2	0.4000
C8	1	1	2	0.4000
C9	1/2	1/2	1	0.2000

注：C·R＝C·I/R·I＝λmax－n/[n－1(R·I)]＝0.0370/(2×0.58)＝0.0319＜0.1。

表 4－9　　应急恢复重建机制的层次单排序

B4 应急恢复重建机制	C10 转移性支出恢复重建能力	C11 减税降费恢复重建能力	C12 赤字财政政策恢复重建能力	C13 政府债券恢复重建能力	W
C10	1	1	1	1	0.2500
C11	1	1	1	1	0.2500
C12	1	1	1	1	0.2500
C13	1	1	1	1	0.2500

注：C·R＝C·I/R·I＝λmax－n/[n－1(R·I)]＝0.0039/(3×0.90)＝0.0014＜0.1。

表 4－10　　应急监督评估机制的层次单排序

B5 应急监督评估机制	C14 事前监督能力	C15 事中监督能力	C16 事后监督能力	W
C14	1	1/2	1/2	0.2000
C15	2	1	1	0.4000
C16	2	1	1	0.4000

注：C·R＝C·I/R·I＝λ_{max}^{-n}/[n－1(R·I)]＝0.0370/(2×0.58)＝0.0319＜0.1。

根据上述分析结果，所有矩阵的层次单排序都通过了一致性检验，下一步进行层次总排序的检验。

（五）层次总排序与一致性检验

利用同一层次中所有层次单排序的结果，就可计算针对上一层次所有因素重要性的权值，这就是层次总排序。计算采用从上而下的方法，逐层合成。假定已经算出第 K－1 层 m 个元素相对于总目标的权重 W(K－1)＝[W1(K－1),W2(K－1),…,Wm(K－1)]T，第 K 层 n 个元素对于上一层第 j 个元素单排序权重是 Zj(K)＝[Z1j(K),Z2j(K),…,Znj(K)]T，其中不受 j 支配的元素权重为零。权重界定后，为评价层次总排序的计算结果的一致性如何，需要计算与单排序类似的检验量。

$$CI = \sum_{i-1}^{m} a_i CI_i$$

式中，CI_i 为 a_i 对应的 B 层次中判断矩阵的一致性指标。

$$RI = \sum_{i-1}^{m} a_i RI_i$$

式中，RI_i 为 a_i 对应的 B 层次中判断矩阵的平均随机一致性指标。

$CR = CI/RI$，当 $CR < 0.10$ 时，层次排序的计算结果具有满意的一致性。

本书层次总排序计算结果如表 4－11 所示，首先应急预警防范机制最为重要，占比高达 41.36%；其次是应急灾时处置机制，占比为 25.76%；再次是应急恢复重建机制，占比为 15.30%；最后是应急日常运行机制与应急监督评估机制，占比均为 8.79%，指标后的数值即为各元素的层次总排序权重。

表4－11　公共财政应急机制层次总排序及权重表

目标层	准则层指标	方案层指标
A公共财政应急机制有效性评估	B1应急日常运行机制0.0879	C1应急法律完备程度0.0220
		C2应急物资储备能力0.0440
		C3部门沟通协作能力0.0220
	B2应急预警防范机制0.4136	C4预警范围界定能力0.1034
		C5提供预警方案能力0.2068
		C6预警目标明确能力0.1034
	B3应急灾时处置机制0.2576	C7央地财政事权财权划分清晰度0.1030
		C8筹集调动资金能力0.1030
		C9风险分担能力0.0515
	B4应急恢复重建机制0.1530	C10转移性支出恢复重建能力0.0383
		C11减税降费恢复重建能力0.0383
		C12赤字财政政策恢复重建能力0.0383
		C13政府债券恢复重建能力0.0383
	B5应急监督评估机制0.0879	C14事前监督能力0.0176
		C15事中监督能力0.0352
		C16事后监督能力0.0352

注：C·R＝C·I/R·I＝0.0277/0.7165＝0.0387＜0.1。

本书所赋予的指标权重通过层次总序列一致性检验，可根据所赋予指标权重继续对公共财政应急机制有效性进行评估。

三、公共财政应急机制评估

（一）应急日常运行机制评估

1. 应急法律完备程度

我国应急法律数量不足。“非典”之后，我国开始推进财政应急预案编制工作，2004 年，我国《重大突发事件财政应急保障预案》颁布实施，这是由财政部门制定的应急管理的“基本法”，它具体规定了财政在应急管理工作中所需要遵循的程序以及承担的责任。2005 年，国务院颁布了《国家突发公共事件应急预案》，建立了部门协调制度。2007 年，我国第一部综合性应急管理法律《中华人民共和国重大突发事件应对法》（主席令第六十九号）正式实施，其中第三十一条明确规定：“国务院和县级以上地方各级人民政府应当采取财政措施，保障重大突发事件应对工作所需经费。”除此之外，涉及财政部门应对重大突发事件的基本法规还有《预算法》《重大突发事件财政应急保障预案》《国家突发公共事件总体应急预案》《防洪法》《防震减灾法》等。虽然我国已经拥有 50 多部相关的应急法律法规，但是与许多发达国家相比，数量却明显不足。美国的专门应急管理法律、相关应急管理法律以及其他应急管理法律加总共计数百部；日本自 1947 年颁布了有“防灾宪法”之称的《灾害对策基本法》后，中央政府在此基础上制订了“防灾基本计划”，并先后制定了 200 多部有关于应急管理的法律法规。除此之外，还有许多国外的国家也拥有诸多的应急法律，相比之下，我国应急法律数量明显不足。

另外，我国应急法律专业化不强。在此次新冠疫情防控中，各级财政部门根据应急管理法将应急措施响应得基本到位，但是在应急管理职责分配、资金管理等方面还存在不足。在本次新冠疫情防控期间，大理对发往黄石、重庆的医疗资源进行抢占，这些无序行为的发生也恰恰反映出我国应急法律的专业化不足。我国应急法律数量不足、专业化不强使得各级政府在重大突发事件面前十分被动，应对效率会降低。因此，该项目得分 65 分。

2. 应急物资储备能力

我国应急资金储备不足。理论上来说，财政的应急手段包括预备费、公债、转移支付以及预算稳定调节基金等，但储备应急资金主要还是以预备费为主。我国预备费储备不足。目前，《预算法》规定预备费是用于当年预算执行中的自然灾害等重大突发事件处理增加的支出及其他难以预见的开支。各级政府每年都会在一般公共预算的支出中提取1%—3%的预备费作为财政的后备费（见表4－12）。

表4－12　　　中央本级财政预算中预备费数额

年份	中央本级财政中预备费数额（亿元）
2005	100
2006	100
2007	150
2008	350
2009	400
2010	400
2011	400
2012	500
2013	500
2014	500
2015	500
2016	500
2017	500
2018	500
2019	500
2020	500

续表

年份	中央本级财政中预备费数额（亿元）
2021	500
2022	500

资料来源：根据 2005—2022 年国家预算执行情况和国家预算草案报告整理。

表 4 –13　因灾直接经济损失与全国一般公共预算支出额以及占比情况

年份	因受灾导致的直接经济损失（亿元）	全国一般公共预算支出额（亿元）	占比（%）
2008	11 752	62 427. 03	18. 83
2009	2 524	76 235	3. 31
2010	5 340	84 530	6. 32
2011	3 096	100 220	3. 09
2012	4 186	124 300	3. 37
2013	5 808	138 246	4. 20
2014	3 374	153 037	2. 20
2015	2 704	171 500	1. 58
2016	5 033	180 715	2. 78
2017	2 510	203 330	1. 23
2018	1 828	221 924. 61	0. 82
2019	2 525	238 874. 02	1. 06
2020	3 702	245 588	1. 51
2021	3 340	246 322	1. 36

资料来源：根据 2008—2021 年国民经济和社会发展统计公报、国家预算执行情况和国家预算草案报告整理。

除此之外，财政部门为了支持日常应急管理工作，满足应急管理部门日常需要，也会安排专项资金来提高应急物资储备能力。通过表4－12与表4－13可以看出，中央本级财政预备费数额自2005年起逐年增长并逐渐恢复平稳，2012年后，预备费数额一直固定在500亿元，但因受灾导致的直接经济损失数额在2008年后却一直高于预备费数额，这表明我国预备费数额难以应对每年的经济损失，预备费提取比例偏低。此外，2020—2022年预备费500亿元，与以前年度相同。新冠疫情在2019年年末出现，在2020年全面暴发，之后由于病毒变异，2021—2022年发生了几轮大疫情，特别是从2022年3月1日上海开始的疫情，造成了巨大的损失。这是以前年份没有经历过的，但预备费的安排仍旧与以前年份保持不变，没有明显增量，我国应急资金储备明显不足。

再者，我国医疗卫生公共服务供给不足。如图4－2、图4－3所示，我国在2010—2019年，每万人拥有技术人员数以及每万人医疗机构床位数均在增加，但数量仍旧很少。2020年新冠肺炎疫情暴发的中心城市武汉在2019年每万人拥有技术人员数为98.9人，每万人医疗机构床位数为86张，均高于全国数量，但疫情发生后医疗资源仍极度吃紧。除此之外，疫情检测物品以及必要医疗设备的不足也对新冠疫情的防控产生了制约。呼和浩特在2022年初和国庆经历了两次疫情，一次比一次严重。疫情发生三年后，我们的医疗资源仍比较吃紧，说明我国公共服务出现了供给不足的现象。预备费与公共服务供给不足都表明了我国应急物资储备能力不强，关于应急物资储备方面需要作出改变。因此，该项目得分70分。

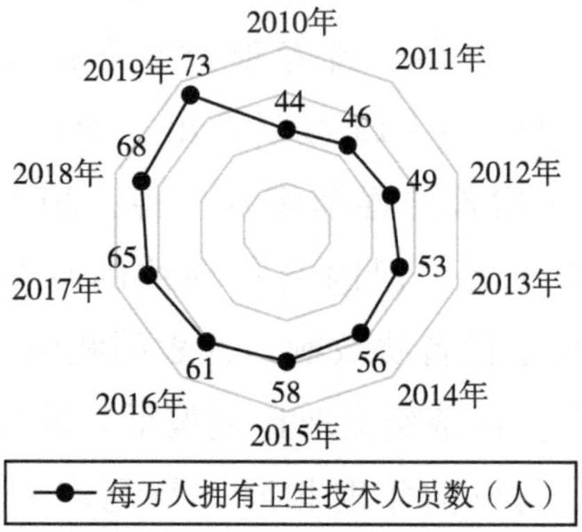

图 4－2　2010—2019 年每万人拥有技术人员数

资料来源：国家统计局。

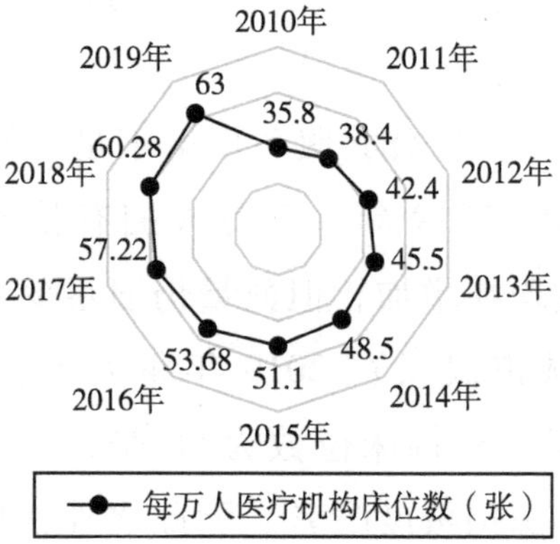

图 4－3　2010—2019 年每万人医疗机构床位数

资料来源：国家统计局。

3. 部门沟通协作能力

部门沟通协作能力包括财政部门与上下级部门纵向工作协调以及与其他部门横向沟通合作。在重大突发事件来临之时，部门沟通协作能力的加强是保证应急工作有序开展的重要条件。2005

年《国家突发公共事件总体应急预案》（国发〔2005〕号文）要求：财政部门要听从应急管理机构的统一指挥，在推动应急管理制度建设时要与多方协调，高效地做好多项应急管理工作。自此之后，我国财政应急部门协调机制初步建立。在此之后，财政部门为了完善部门协调机制，又与相关部门积极地展开沟通工作，从而满足应急资金需求，确保应急管理工作有序展开。可以看出，部门沟通协作机制已初步建立并逐渐完善。

但是，我国各部门之间依旧缺乏有效沟通。当前体制下，若发生重大突发事件，政府会临时拼凑机构作为应急指挥部以集结人员，整合信息，调集资金，此时财政应急机制主要起到调集资金的作用，但就当前情况可以看出，各部门之间依旧缺乏有效沟通。在这次新冠疫情中，财政部门积极出台政策，拨付资金，但是却未建立上下级财政部门应急协调机制，未建立相关数据资料的共享、分析和评估体系，未建立中央与地方预算单位及社会保障、公安等地方部门的应急协调机制，不便与有关部门联动应对重大突发事件。尽管我国部门沟通协作机制已初步建立并逐渐完善，但各部门之间依旧缺乏有效沟通，部门沟通协作能力需要加强。疫情发生以来，中央纪委要求全省各级纪检监察机关紧盯疫情防控一线阵地，聚焦关键环节重点场所，严明疫情防控纪律要求，对疫情防控中推诿扯皮、隐情不报等不担当不作为现象，对不执行防控要求、执行防疫要求不力、侵占抗疫款物等妨害疫情防控的行为，坚决依规依纪依法严肃处置。据不完全统计，截至2022年底，各地共计查处违反疫情防控纪律官员近万人。武汉就问责达630人，处级及处级以上干部130多人。因此，该项目得分72分。

（二）应急预警防范机制评估

1. 预警范围界定能力

预警范围界定是指要明确各灾害事件的警戒级别，为后期界定风险级别提供标准。我国对重大突发事件的警戒级别早有界定。根据《国家突发公共事件总体应急预案》，我国对各类重大突发事件的范围都作了具体界定。另外，《国家突发公共事件总体应急预案》还依据突发公共事件可能造成的危害程度、紧急程度和发展势态，将预警级别一般划分为四级：Ⅰ级（特别严重）、Ⅱ级（严重）、Ⅲ级（较重）和Ⅳ级（一般），依次用红色、橙色、黄色和蓝色表示，这四级突发公共事件的负责组织不同，特别重大突发公共事件的负责组织是国务院，重大突发公共事件的负责组织是省级政府，较大突发公共事件的负责组织是市级政府，一般突发公共事件的负责组织是县级政府。对于2019年年末及2020年发生的新冠疫情，它以武汉为中心在全国暴发，由开始的湖北省负责处置到后来的国务院负责处置，是新中国成立以来我国发生的传播速度最快、感染范围最广、防控难度最大的一次重大突发事件，根据《国家突发公共事件总体应急预案》提供的预警级别标准，新冠疫情的发生属于重大突发事件向特别重大突发事件转变。我国对重大突发事件的警戒级别早有界定，并且对新冠疫情事件的范围级别做了准确界定，这体现了我国有一定的预警范围界定能力。

预警范围界定应包括有效的早期识别机制。重大突发事件早期识别机制应对突发事件类型进行甄别及早期风险识别。在新冠疫情期间，李文亮事件告诉我们必须建立有效的早期识别机制。新冠疫情发生后，全国首部《突发公共卫生事件应急条例》鼓励公民、法人和其他组织通过公共卫生热线、互联网政府网站、政务新媒体等途径反映突发公共卫生事件信息，举报有关迟报、谎报、瞒报、漏报突发公共卫生事件行为。有关部门应当对举报人的个人信息和人身安全提供必要保护，对非恶意报告的单位和个人，不予追究法律责任。我国需要逐步完善预警早期识别机制，依据既往和近期传染病及突发公共卫生事件监测数据，综合运用专家会商法和风险矩阵法，开展突发事件公共卫生风险评估。因此，该项目得分 90 分。

2. 风险分析能力

风险分析能力是指全面、系统地分析可能存在的风险，寻找风险源，确定风险类别的能力。但我国对风险监测不够，风险分析能力较差。重大突发事件的发生是突然的，预测是困难的，但它在发生前并非不露痕迹，也是有一定征兆的。为了及时准确地预测重大突发事件的风险，平时的监测是不可避免的。当前，我国各级政府都在为构建预警信息网络而努力，但财政部门还没有建立起行之有效的预警信息网络，导致其发现危机并不及时，难以分析可能存在的风险，找到风险源。此次新冠疫情的暴发因发现不及时，未提前进行全面的分析风险，导致经济社会受到了严重的伤害，我国风险分析能力有待提高。2022 年上海疫情突然失控，呼和浩特疫情突然失控，最根本、最深层的原因是奥密克戎 BA. 2 和 BA. 2. 2 变异株，以及新型奥密克戎 BF. 7 变异株进化分支，相比之前的新冠病毒和德尔法等变异毒株，其感染传播扩散力非常强，突然暴涨多倍，感染者具有隐匿性。而我们抗击疫情的能力，却很难马上实现几倍的增长。没有病毒医学风险防范机制的配合，财政风险分析能力有限。因此，该项目得分 75 分。

3. 提供预警方案能力

提供预警方案能力是指根据分析结果，选择正确风险监测目标，及时提供预警的能力。但我国风险分析能力较差，导致不能及时提供预警。对于重大突发事件的预警，我国财政已经形成了应急保障预案。财政部制定的《重大突发事件财政应急保障预案》具体规定了各级财政部门在应急管理工作中需要遵循的程序以及自身应该承担的责任。主要内容包括应急状态下财政资金的拨付流程、时间要求、方式等。但是此次新冠疫情的暴发因没有及时发现风险导致不能准确检测风险目标，没有及时提供预警。当新冠疫情发生时，只能依靠以前年度制定应急预案来处理应急工作，我国提供预警方案能力仍需完善。因此，该项目得分 78 分。

（三）应急灾时处置机制评估

1. 中央与地方财政事权财权划分清晰度

我国在应对重大突发事件的救助时中央与地方财政事权财权划分不是很清楚。中央与地方财政事权财权划分包括财政事权划分、支出责任划分、省以下事权与支出责任划分。但是，在应急管理中，中央和地方财政的事权与支出责任主要依据三类法律来划分，分别是《国家突发公共事件总体应急预案》《财政应急保障预案》以及《国家突发公共卫生事件应急预案》。以这三类法律为依据，在应急管理过程中，要以“分级负责，属地管理”的原则展开工作,① 但是自我国 1994 年实施分税制后，中央政府财

① 谷寒梅．央地应急管理事权与支出责任研究［D］．中国财政科学研究院，2018：60－95.

权增加，地方政府财权减少，多年形成了“财权上收，事权下放”财政机制，如图4－4、图4－5所示，多年来，我国地方财政支出占比大，地方财政收入占比小，且地方财政支出与财政收入占比差距较大，使得中央政府与地方政府在进行应急管理工作时构成了明显的“倒金字塔形”，地方政府对中央政府的依赖加深，应急能力的建设受到了严重的制约。加之我国没有以法律法规的形式明确规范中央与地方政府各自的承担比例，导致财政在应对重大突发事件的救助时央地财政事权财权划分不清楚的现象。

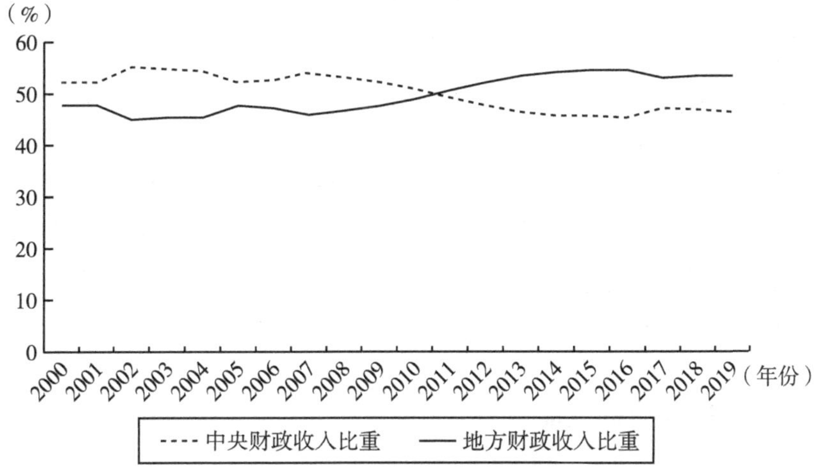

图4－4　2000—2019年中央与地方财政收入占比

资料来源：根据2000—2019年《中国统计年鉴》整理计算。

新冠疫情期间的救助措施进一步凸显了我国央地财政事权与财权的划分不清楚。在新冠疫情期间，财政部在防控之初就出台了《关于新型冠状病毒感染肺炎疫情防控有关经费保障政策的通知》，该通知规定中央财政承担救治患者60%的补助经费，承担医生及相关人员全部补助，由地方先行垫付，并且规定地方负责

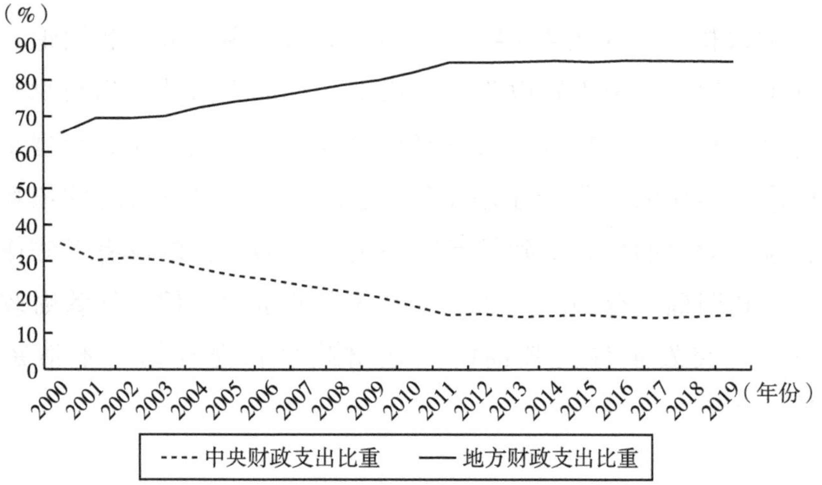

图 4－5　2000—2019 年中央与地方财政支出占比

资料来源：根据 2000—2019 年《中国统计年鉴》整理计算。

疫情防控所需的物资，这一系列的规定使得地方责任落实到位。但临时性地界定中央与地方政府事权与支出责任也恰恰说明了我国央地政府事权与支出责任方面没有事先作出规定，事权与财权的划分清晰度比较模糊。因此，该项目得分 75 分。

2. 筹集调动资金能力

中央财政迅速反应，及时拨付资金。在此次新冠疫情的防控中，暴发的中心地区是湖北，为了使得湖北疫情能够得到有效控制，保证湖北财政正常运转，财政部针对湖北地区建立了按周调度资金制度，使得其库款情况受到密切监控，从而满足其资金周转需要。除此之外，中央财政还在疫情发生的第一时间下达了湖北地区的疫情防控资金。2020 年 1 月 23 日，中央财政下拨了 10 亿元资金到湖北省进行疫情防控。2020 年 1 月 27 日，中央向各省预拨第一批疫情防控补助金 44 亿元，并且国家承担患者的全部治疗费用，这一系列的资金保证使得各省不因资金问题而阻碍疫情防控工作的开展。再者，为了使新冠疫情尽快结束，保障人民生命安全，我国积极对新冠疫苗进行研究开发，并由医保基金与财政共同承担接种费用。2021 年 1 月 9 日，国家卫健委副主任曾益新在国务院联防联控机制召开的新闻发布会上表示，全民免费接种新冠疫苗，国家医疗保障局副局长李滔表示，接种费用将全部由医保基金和财政共同负担，居民个人不负担费用，这巨大的支出费用彰显了财政强大的资金调动能力。

各级财政积极安排，疫情防控资金及时到位。这些资金具体用来救治患者、新建医院、补贴一线医务人员、购置疫情防控物资、救助受疫情影响的困难家庭等。截至 2020 年底，各级财政共安排疫情防控资金超过 4 000 亿元。本次新冠肺炎疫情发生以来，党和国际高度重视，中央以及全国各级财政部门积极调度资金，对疫情的有效防控起到了很大作用，突出了极强的筹集调动资金能力。因此，该项目得分 92 分。

3. 风险分担能力

一是医疗保险为新冠患者治疗提供了巨大的支持。新冠病毒疫情发生以来，国家医保局积极响应，2020 年 1 月 22 日，国家医保局与财政部联合发布《关于做好新型冠状病毒感染的肺炎疫情医疗保障的紧急通知》，其中明确指出，新冠患者救治期间发生的医疗费用，在扣除各类保险以及救助报销的费用后，由个人承担的部分财政给予补助。截至 2021 年 6 月底，全国确诊住院患者结算总医疗费用 28. 37 亿元，医保负担 16. 31 亿元；确诊患者人均医疗费用约 2 万元，其中，重症患者人均治疗费用超过 15 万元，一些危重症患者治疗费用几十万元甚至上百万元，全部由国家承担。开展大规模免费核酸检测和疫苗接种。截至 2021 年 7 月 25 日，全国医疗卫生机构已累计检测新冠病毒核酸样本逾 22 亿人份，接种新冠病毒疫苗 155 026.8 万剂次，费用全部由国家承担。

二是作为国家最重要的经济主体之一的商业保险业也积极行动起来，众志成城、共抗新冠，但参与度却很低。保险公司通过开辟理赔“绿色通道”、扩展产品保障责任、捐赠保险、产品创新、直接捐款捐物等方式，为抗击疫情提供支持。保险从业人员也踊跃捐助，甚至直接作为志愿者参与其中。银保监会发布的《2020 中国银行业保险业抗击新冠肺炎疫情的实践与经验》显示，2020 年保险行业抗疫专属理赔累计赔付金额 4.9 亿元，比如，人保集团签订全国首单突发公共卫生事件保险，助力健全国家公共卫生应急体系建设。太平集团为武汉一线抗击疫情的医护人员免费提供双重保险保障，捐赠保险保额 1.2 亿元，为 261 名医护人员支付赠险赔款 1 805 万元。安达保险向国内医药研发企业及机构直接捐赠总承保限额 1 亿元且不设置免赔额的“人体临床试验保险”保障，为包括新冠疫苗在内的新药研制提供风险保障。

以中国人寿为例，中国人寿在新冠疫情发生后第一时间启动应对新冠疫情的应急服务预案，成立应急工作小组，为客户开通理赔绿色通道，并升级多项服务措施。第一，中国人寿将现有 31 款长期重大疾病保险产品责任扩展至新型冠状病毒肺炎，如国寿福、国寿康宁、康 E 无忧等，进一步扩大了客户群体所能享受的保障权益，同时，中国人寿优化理赔流程，设立 7 × 24 小时线上理赔通道，取消纸质版理赔申请资料，取消定点医院、等待期等限制，保证实现 24 小时保单服务不间断，为客户提供快捷的保险服务，更好地满足客户对新冠疫情的保险保障需求。第二，中国人寿联动万达信息，充分发挥旗下万达信息公司的大数据科技优势，以信息化手段有力支持了全国各地方政府更好地控制疫情，万达信息的“市民云”作为覆盖全国多个城市的一站式公共服务平台，充分发挥在社区治理和城市服务等方面的优势，及时面向政府部门、企事业单位、人民群众提供疫情动态更新、信息采集、流动人口数据申报等全方位疫情防治解决方案；同时，中国人寿在“国寿大健康”平台设立抗击新型肺炎疫情健康服务专区，为用户提供免费在线咨询、心理关怀、防疫知识、自测早筛、疫情防御、疫情动态、电话咨询等多项服务，搭建新型肺炎相关问题咨询通道，为用户提供健康生活及疫情防控的一系列健康管理服务。第三，中国人寿在疫情第一时间向湖北武汉奋战在新冠疫情一线的医护人员捐赠保险保障，为她们提供“守护天使医护人员特定保险”方案，每人保障额度为50万元，风险保障总额度900亿元，并为全国100万名疫情防控志愿者每人提供了专项保险，为疫情防控志愿者增加了一份安全保障；疫情期间，中国人寿完成新冠疫情相关赔付金额超5 400万元，通过各种途径捐款捐物累计近7 000万元。向社会大众免费提供1 300多万份、保障总额超2万亿元的赠险。

疫情的暴发导致各类企业停工停产，尤其在商业、旅游、零售和服务业等领域，导致国家经济活动减缓甚至停滞。中国人寿也参与推进产业链各环节协同复工复产。首先，中国人寿制定信用保证保险防控方案和支持复工复产工作举措，对受疫情影响较大产业的核心企业及其上下游小微和民营企业，加大信用保证保险融资增信支持力度，还以非融资性保证保险为多个行业的企业客户提供风险保障，为产业链上下游企业缓解保证金资金压力。其次，中国人寿积极参与地方政府债券投资，着重加大超长期地方债的投资力度，特别是疫情严重地区，助力地方社会发展和恢复经济生产活动。

虽然保险部门积极地在分担风险，但与财政安排的资金相比却不值一提，2020 年，各级财政疫情防控资金投入超过 4 000 亿元。比较以上数字，很显然，保险业在此次疫情中的灾害救助参与度非常低，保险经济补偿作用没有体现，甚至可以说是忽略不计。

三是社会各界积极捐赠，为新冠救治做出了重要贡献。《2020 年度中国慈善捐赠报告》显示，2020 年中国共接受境内外慈善捐赠 2 253. 13 亿元。内地接受款物捐赠共计 2 086. 13 亿元，首次超过 2 000 亿元，同比增长 38. 21%。此外，香港特别行政区、澳门特别行政区分别接受捐赠 149 亿元、18 亿元。百亿人次通过互联网平台募捐 82 亿元。这巨大的数字的背后体现的是千千万万中国人的支持，他们的捐赠为新冠的救治做出了重要贡献。尽管医疗保险为新冠的救治做出了巨大贡献，但商业保险发挥的作用却不值一提，这说明我国第三部门风险分担能力仍需提高。因此，该项目得分 85 分。

（四）应急恢复重建机制评估

1. 转移性支出恢复重建能力

转移性支付是政府间的一种补助，转移支付制度在重大突发事件的灾后恢复重建中发挥着巨大作用。一方面，中央对地方转移支付力度大，效果强。在新冠疫情冲击下，各地经济运行困难，财政收入骤减，财政部门运行十分困难。并且 2020 年基层“三保”（保基本民生、保工资、保运转）面临的压力比以前年度增大。为稳定全国财政运行，做好疫情后的恢复重建工作，

2020年中央对地方转移支付达到83 915亿元，重点向中西部和困难地区倾斜，比上年增加9 500亿元、增长12.8%。由图4－6可知，2020年中央对地方转移支付的规模是历年来最高的，且增长速度达到了2013年后的最大值。另外，中央财政提前下达2020年的一般转移支付资金，均衡性转移支付、县级基本财力保障机制奖补资金增幅均达10%，老少边穷地区转移支付增幅达12.4%。由此可见,疫情后中央对地方转移支付力度大，效果强。

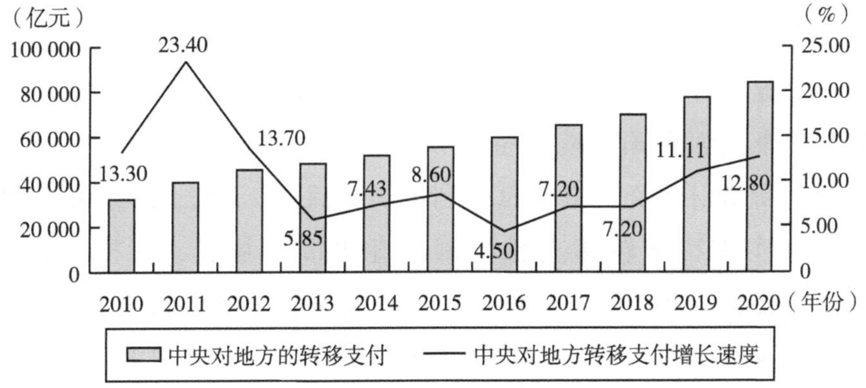

图4－6　2010—2020年中央对地方转移支付的规模与增长速度

资料来源：根据2010—2020年中央和地方预算执行情况与中央和地方预算草案报告整理。

另一方面，特殊性转移支付突破常规，创设财政资金直达机制。从2020年开始，中央财政新设立了财政资金直达机制，这是财政宏观调控方式的重大创新。在直达机制设立之初，主要是为了应对疫情冲击，将新增财政赤字和抗疫特别国债1.7万亿元直达市县基层、直接惠企利民。由于直达机制运行效果显著，按照党中央、国务院的决策部署，从2021年起建立常态化实施财政资金直达机制，资金范围扩大到了2.8万亿元，基本实现了中央民生补助资金全覆盖。与其他转移支付资金相比，直达资金在坚持现行财政体制不变、资金管理权限不变和保障主体责任不变的“三不变”原则基础上，在管理和使用方面有三个重大变化。一是建立了资金分配的备案审核制度，二是建设了直达资金监控系统，三是建立了资金快速拨付渠道。采取上述措施，直达机制实现了资金下达“快”、资金投向“准”、资金监管“严”的政策目标。“快”体现在畅通了资金分配使用管理链条，有力保障了有关资金和政策加速落地生效。“准”体现在有效对接资金的供给与需求，变“大水漫灌”为“精准滴灌”。“严”体现在多部门监管协同，有效防范了资金挤占挪用，沉淀闲置、套取骗取等风险。2020 年 6 月 9 日，时任国务院总理李克强在国务院常务会议中指出，要建立特殊转移支付机制，新增财政资金直接惠企利民。此后，2 万亿元中央财政资金首次实施特殊转移支付机制，直达市县基层、直接惠企利民。① 截至 2020 年 10 月底，除了由税务部门精准执行用于支持新增减税降费的 3 000 亿元资金外，属于直达管理的 1.7 万亿元特殊转移支付资金已经形成了逾 70.9% 的实际支出，达 1.198 万亿元。2022 年减税降费及退税缓税缓费超 6 万亿元。在此当口，我们需要审慎地看待以下几个问题：第一，特别资金在数量上仍难以解决基层的财政困境。尽管 1.7 万亿元的直达资金看似体量庞大，可如果考虑到我国县级基层的数量多达 2 856 个，那么平均下来每个县级财政也只能得到 5.95 亿元左右的转移资金，基层财政问题依旧十分严峻。第二，通过一般转移的资金由于其相对专项转移的比例较低，基层能用于弥补财力缺口的资金不足。从财政部 11 月 12 日发表的最新进展来看，特

① 周珊珊. 刷新中国财政纪录！2 万亿元中央财政资金直达基层 [N]. 北京日报. 2020－11－10 (006).

别直达资金中亦有4 500亿元被用于保障重大项目的建设。从如此大体量的公共资金用途中，看得出我国对于疫情严防死守的决心。但是，问题在于，新冠疫情的严重程度在我国存在较为明显的地区间差异。在一些疫情影响相对较轻微的地方，过量的公共资金投入到卫生建设中，将压缩支出到更有迫切需要的领域空间，导致资金的使用效率大打折扣，无法解决基层财政眼下的短期困难。因此，该项目得分90分。

2. 减税降费恢复重建能力

减税降费的恢复重建能力主要体现在两方面。一是减税降费政策针对性强、影响范围广。新冠疫情发生以来，党中央高度重视，除了对疫情防控工作给予资金支持以外，还根据疫情影响领域出台了一系列减税降费政策。减税降费是助企纾困解难的最公平、最直接、最有效的举措。2022年减税降费政策出台13项，延续实施的税费支持政策20项，共33项（见表4－14）。这些政策归纳起来共四批，这四批政策分别在支持疫情防控，减轻企业负担、恢复企业复工复产信心，帮助小微企业与个体工商户渡过难关，稳定外贸投资方面作了重要贡献。这四批政策又可以分为四大类，分别是支持防护救治、鼓励公益捐赠、支持物资供应、支持复工复产，具体见表3－1。这些优惠政策大多自2020年1月1日起开始实施，覆盖范围广，针对性较强。税费优惠政策已覆盖全部个体工商户，疫情三年减税超万亿元。在税费等一系列政策的共同作用下，2020年至2022年9月，全国涉税市场主体中累计新办个体工商户1 734.2万户，为稳就业、保民生发挥了积极作用。

表 4－14　2020—2022 年施行的减税降费措施

出台时间	政策内容
2022 年新出台	1. 2022 年增值税期末留抵退税政策 2. 中小微企业设备器具所得税税前扣除政策 3. 航空和铁路运输企业分支机构暂停预缴增值税政策 4. 公共交通运输服务收入免征增值税政策 5. 3 岁以下婴幼儿照护个人所得税专项附加扣除政策 6. 增值税小规模纳税人免征增值税政策 7. 科技型中小企业研发费用加计扣除政策 8. 快递收派服务收入免征增值税政策 9. 减征部分乘用车车辆购置税政策 10. 小微企业“六税两费”减免政策 11. 小型微利企业减免企业所得税政策 12. 制造业中小微企业延缓缴纳部分税费政策 13. 阶段性缓缴企业社会保险费政策
延续实施的税费支持政策	14. 重点群体创业税费扣减政策 15. 吸纳重点群体就业税费扣减政策 16. 企业扶贫捐赠所得税税前扣除政策 17. 扶贫货物捐赠免征增值税政策 18. 自主就业退役士兵创业税费扣减政策 19. 吸纳退役士兵就业税费扣减政策 20. 科技企业孵化器等免征房产税、城镇土地使用税和增值税政策 21. 高校学生公寓免征房产税、印花税政策 22. 城市公交站场等运营用地免征城镇土地使用税政策 23. 农产品批发市场、农贸市场免征房产税、城镇土地使用税政策 24. 从事污染防治的第三方企业减免企业所得税政策 25. 支持疫情防护救治等免征个人所得税政策 26. 商品储备免征印花税和房产税、城镇土地使用税两税政策 27. 制造业中小微企业继续延缓缴纳 2021 年第四季度部分税费 28. 生产、生活性服务业增值税加计抵减政策 29. 创业投资企业和天使投资个人有关税收优惠政策 30. 全年一次性奖金个人所得税优惠政策 31. 上市公司股权激励个人所得税优惠政策 32. 外籍个人津补贴个人所得税优惠政策 33. 阶段性降低失业保险、工伤保险费率政策

资料来源：根据国家政策文件汇编而成。

二是减税降费政策实施效果好。2021 年 3 月 10 日，国家税务总局公布的最新统计数据显示，我国 2020 年新增减税降费累计超过 2.5 万亿元，用于支持疫情防控和经济社会发展。这说明减税降费为疫情期间社会的恢复重建做出了重要贡献，减税降费取得了较好的效果。减税降费政策针对性强、覆盖范围广、实施效果好，无论是对新冠的救治还是灾后的恢复重建都做出了巨大贡献，但是过多的减税降费会减少财政收入，一定程度上影响政府提供公共服务的能力。因此，该项目得分 92 分。

3. 赤字财政政策恢复重建能力

为应对新冠疫情所带来的经济社会损失，我国主动扩大了赤字规模。疫情防控工作需要财税政策的支持，但无论减收还是增支，都会导致一般公共预算出现收支缺口，赤字率（赤字占 GDP 的比重）由此会升高。过去，有一个“紧箍咒”一直加在赤字率头顶，也就是赤字率不能高于 3%，因为高于这个数字也就意味着要发更多政府债券，会有风险。因此近年来我国一直将赤字率控制在 3% 以下，2016 年达到了最高，也只有 2.92%，2019 年为 2.79%，如图 4－7 所示。但赤字率的高低也要迎合经济形势。为了使新冠疫情期间积极的财政政策更加积极有为，2020 年我国明确发出适当提高赤字率的积极信号，将财政赤字率从 2.8% 提高至 3.6% 以上，赤字规模比 2019 年增加 1 万亿元，达到 3.76 万亿元。财政赤字率的提高为后疫情时代经济社会恢复重建起到了巨大作用，也增强了人民的信心，但是赤字过高会产生挤出效应，影响民间投资，造成沉重的财政负担，影响经济可持续发展。因此，该项目得分 90 分。

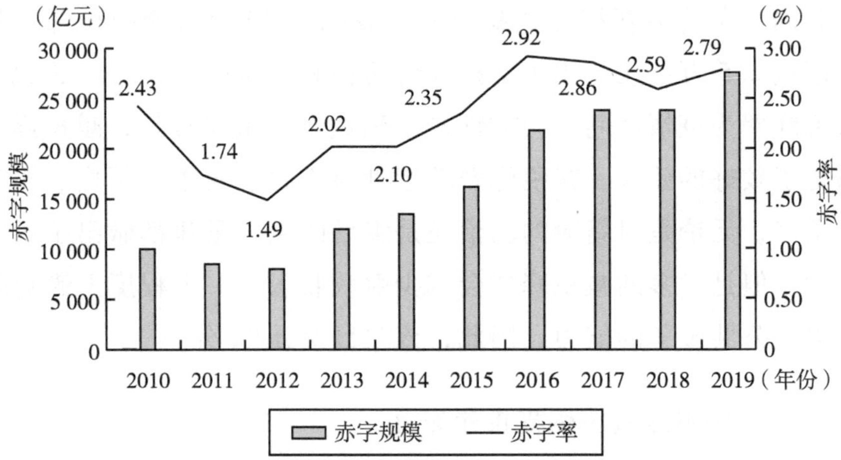

图 4-7　2010—2019 年我国赤字规模与赤字率

资料来源：根据 2010—2019 年《中国统计年鉴》与预算执行情况与预算草案报告整理。

4. 政府债券恢复重建能力

新冠疫情之下，为了提振信心、稳住经济基本盘，我国在增加赤字的基础上，发行了抗疫特别国债以及地方新增专项债券。在十三届全国人大三次会议上，我国提出要发行 1 万亿元抗疫特别国债。全国政协委员、中国财政科学研究院院长刘尚希表示，“疫情之下，经济社会发展面临的挑战前所未有，财政政策必须要有力度。”因此，发行抗疫特别国债，是特殊时期应对疫情冲击的重要举措，是缓解财政压力，稳定经济的重要手段，有不可替代的作用。

此外，十三届全国人大三次会议审议的政府工作报告提出，2020 年要相对 2019 年增加 1.6 万亿元的专项债券用作项目资本金，数额达到 3.75 万亿元。2020 年《政府工作报告》明确，今年赤字率拟按3.6%以上安排，财政赤字规模比去年增加1万亿元，同时发行1万亿元抗疫特别国债。这是特殊时期的特殊举措。上述2万亿元全部转给地方，建立特殊转移支付机制，资金直达市县基层、直接惠企利民，主要用于保就业、保基本民生、保市场主体。抗疫特别国债的发行成为2020年财政政策对冲疫情影响的重要工具，从6月18日第一笔抗疫特别国债发行，到7月30日最后一笔发行完成，42天时间，1万亿元规模，这在政府债券发行历史上也属罕见。无论是增加地方专项债券，还是发行抗疫特别国债，都是为了减缓疫情冲击，稳定经济，助力灾后恢复重建，政府债券对疫情后经济社会恢复重建做出了重要贡献，但是疫情留下万亿元地方债，今后的偿还问题需要引起重视。2021年考虑到新冠疫情得到有效控制和经济逐步恢复，赤字率拟按3.2%左右安排、比去年有所下调，不再发行抗疫特别国债。因此，该项目得分89分。

（五）应急监督评估机制评估

1. 事前监督能力

我国财政事前监督能力主要体现在两方面。一方面是救灾申报流程繁琐，财政事前监督难以发现合谋套利的情况。我国救灾款申报基本流程为民政部门和财政部门会商后向上级部门申报，这种申报过程就导致地方民政、财政存在合谋套利的可能，如轻灾重报，无灾有报等，另外还存在“搭便车”行为。

另一方面是具有较强临时性的财政资金在拨付过程中缺少许多流程标准，财政无法做到精准监督。由于突发公共事件具有很强的突发性，所以应急财政资金的拨付具有较强的临时性，针对拨付和使用过程也缺少相应的流程标准。因此，在资金的使用过程中，难免会出现一些不规范现象。新冠疫情发生突然，发生伊始便对经济社会造成了严重伤害，因此新冠疫情应急资金的拨付难免出现了一些缺少流程标准的操作，使得监督出现低效的情况。我国救灾申报流程繁琐，临时性的财政资金在拨付过程中缺少许多流程标准，这都使得财政无法进行准确监督，监督效率低下。因此，该项目得分 71 分。

2. 事中监督能力

事中监督是指要对应急资金的分配环节、使用环节以及中央应急财政政策的落实到位与执行情况进行监督。在政策落实方面，疫情期间，国家出台了很多政策，归纳了一下，分为三类。一是跟疫情救治有关的政策，像如何防护，如何隔离，资金如何支持防治疫情。二是如何救助企业。比如说对中小企业如何扶持，对大型企业怎么支持，如何减免房租，银行如何提供低息贷款，保险公司、工商局如何对企业进行服务。三是刺激经济的大政策。国家推出了一系列的刺激经济发展的政策，包括促进经济、促进股市、促进社会经济繁荣的政策。统筹疫情防控与经济社会发展的政策都需要财政的支持落实。2020 年 2 月 7 日，国家审计署印发了《关于做好新型冠状病毒感染肺炎疫情防控财政资金和捐赠款物审计监督工作的通知》，明确指出各级审计机关要在审计署统一部署的前提下，对本地区疫情防控财政资金与物品以及与疫情防控相关的情况进行严格审查。2020 年，中国率先控制新冠疫情，率先复工复产，率先实现经济增长由负转正，交出了一份人民满意、世界瞩目、可以载入史册的答卷。由此可以看出，虽然我国对于财政应急资金一直都是重拨付、轻考核的，但在本次新冠疫情的救助中，财政监督措施到位，对疫情的控制起到了重要作用。

在资金审查方面，应急资金使用范围包括疫情防控物资采购、临时工程建设、修补、堵漏、加固，以及疫情防控的医疗救助、物资采购、应急设备采购等与疾病治疗和防控相关的工作。新冠疫情发生以来，各级财政部门给予资金支持，财政部各地监管局也积极应对，严格审查资金使用情况。但是，此次疫情的审计监督工作也使得财政资金的使用效果难以被跟踪与评估。我国传统的审计工作是采用现场审计监督的方式完成的，但是此次疫情防控的审计工作所处的环境特殊，任务较重，导致一些审计工作在现场无法完成，无法有效地追踪财政应急资金的使用效果。另外，无论是现场审计还是非现场审计，要想做到有效监督财政资金的使用，必须要审计部门与财政部门合作完成，这对部门间的有效合作也提出了新要求。新冠疫情发生以来，我国高度重视财政资金的监督情况，中央和地方都出台了许多有利的监督措施，但在实际执行过程中也出现了财政资金的使用效果难以被跟踪与评估的情况。因此，该项目得分 80 分。

3. 事后监督能力

事后监督主要是指对事中监督检查过程中发现的问题和疑点进行监督并对应急资金的绩效进行评估。一方面，后疫情时代，对事中监督检查过程中发现的问题和疑点继续进行审查监督。加强部门沟通协调，形成监管合力。财政部门加强同纪委监委、审计等部门的协调配合，按照“数据共享、各司其责、口径一致、成果共鉴”原则开展工作。检查聚焦与疫情防控有关的患者救助费用补助、临时性工作补助、财政贴息、物资采购等有关财政资金的审核、拨付、管理使用等情况，关注“钱从哪里拨来、钱用到哪里去、用出去的钱是否合法合规合理”。重点查处资金的审核、拨付、管理使用过程不合理的问题；擅自截留、挤占、挪用、贪污疫情防控资金，购置与疫情防控无关物资等违法违规行为。对于疫情防控财税政策落实不到位，财政资金分配、资金补助不合理等问题，及时予以纠正。对涉及疫情举报线索及时处置，发现问题严肃处理。对擅自截留、挤占、挪用疫情防控资金，购置与疫情防控无关物资以及私分防疫物资等违法违规行为，严肃查处。涉及重大违法违纪问题，依法依规依程序及时移交纪检监察或司法机关处理。

另一方面，突出绩效评价，提高疫情防控财税政策和财政资金使用效率。重点关注政策和资金是否及时、精准到位，资金补助标准是否科学合理，资金分配是否公开透明、公平公正，防控政策和资金是否达到预期效果等。根据评价情况，系统总结政策落实和资金使用中好的做法、不足和建议。但是，我国一般都是临时制定应对重大突发事件的应急措施，且长期以来我国各级财政部门存在较为严重的重拨付、轻考核、监管缺位问题，导致对于财政应急资金的绩效评价指标的设置并不科学，因此难以对应急资金的绩效进行合理监督。尽管后疫情时代各级监管部门在积极发挥作用，但对应急资金的绩效评估还应进一步完善。因此，该项目得分 79 分。

（六）整体效果评价

根据以上得分分析，将重大突发事件公共财政应急机制按照权重进行相应层次得分计算，重大突发事件公共财政应急机制整体成绩为 81.20 分，处于良好偏上状态，具体数值见表 4 – 15。

表 4－15　　重大突发事件公共财政应急机制层次排序得分

目标层	准则层指标	方案层指标	
A公共财政应急机制有效性评估 81.20	B1 应急日常运行机制 69.25	C1 应急法律完备程度	65
		C2 应急物资储备能力	70
		C3 部门沟通协作能力	72
	B2 应急预警防范机制 79.5	C4 预警范围界定能力	90
		C5 风险分析能力	75
		C6 提供预警方案能力	78
	B3 应急灾时处置机制 83.8	C7 央地财政事权财权划分清晰度	75
		C8 筹集调动资金能力	92
		C9 风险分担能力	85
	B4 应急恢复重建机制 90.25	C10 转移性支出恢复重建能力	90
		C11 减税降费恢复重建能力	92
		C12 赤字财政政策恢复重建能力	90
		C13 政府债券恢复重建能力	89
	B5 应急监督评估机制 77.8	C14 事前监督能力	71
		C15 事中监督能力	80
		C16 事后监督能力	79

重大突发事件公共财政应急机制对于新冠疫情的救治起到了重要作用，表现在应急预警防范机制的预警范围界定能力、应急灾时处置机制的筹集调动资金能力、应急恢复重建机制的全方面以及应急监督评估机制的事中监督能力等，但也暴露出了许多问题，如缺少有关应急管理的法律、应急资金准备不足、中央与地方财政应急管理关系不清楚、缺少第三方风险分担主体、财政监督力度不到位等问题，需要不断改善。

四、我国重大突发事件公共财政应急机制存在的问题

（一）应急管理法律数量不多，专业化不强

自20世纪初起，世界各国便开始重视应急立法工作。通过法律的制定，自然灾害的预防和救援工作得以有序进行，这不仅有效避免了政府财政陷入困境，还确保了灾害应急管理能够在统一的法制框架内顺利运作。与发达国家相比，我国在财政应急法治建设方面的起步时间较晚。目前，各单项法律中关于应急的规定存在差异，而公共财政应急相关的法律对于责任的明确划分尚不充分。此外，关于应急资金管理的法律法规亦有待完善。在现代财政管理中，我们必须确保每一笔开支都能产生效益，对于那些未能达到预期效果的支出，必须追究相关责任。这是现代财政管理的必然要求。现代财政的应急管理工作必须做好相关法律制度工作，财政应急法治建设是减少应急财政风险的制度保障。我国在完善针对突发公共卫生事件的财政应急机制方面，必须依赖法律制度的健全和完善。目前，众多国外国家已经在其宪法中对政府的应急权力进行了明确规范。如法国在其宪法中规定政府的紧急权力，同时针对宪法中的规定配有相关的单行法案，对宪法中有关应急状态下政府权力的条文进行细化，从而严格规范政府在特殊时期的紧急行为能力及权力。由上述内容可以看出，我国财政应急管理缺少相应的法律支持。一方面是《宪法》中没有紧急状态针对性规定的完整条文；另一方面是关于财政应急管理的专业法律少。尽管我国对应急财政资金的管理给予了高度重视，

但目前主要集中在建立应急资金保障机制上，并未形成一套专门针对财政应急的完整法律法规体系。

2004年，《重大突发事件财政应急保障预案》问世，使得财政在应急管理方面有了基本法。在此之后，一些涉及应急管理的其他法律，如《中华人民共和国突发事件应对法》《国家突发公共事件应急预案》等也陆续颁布实施。2013年10月25日，国务院办公厅制定《突发事件应急预案管理办法》，在推动建立健全全国突发事件应急预案体系、规范加强应急预案管理方面发挥了重要作用。2018年，党中央对我国应急管理体制进行系统性、整体性重构，原由国务院办公厅承担的“协调指导应急预案体系建设”等应急管理职责划入新组建的应急管理部。2021年，应急管理部会同有关方面启动《突发事件应急预案管理办法》修订工作，2024年1月31日，国务院办公厅印发了新修订的《突发事件应急预案管理办法》。《突发事件应急预案管理办法》修订出台标志着我国应急预案管理进入新阶段，对推进国家应急管理体系和能力现代化具有重要意义。尽管我国在应急管理方面的法律取得了新的进步，但在财政应急管理方面的法律却少之又少。

资金的审批、分配以及政策落实都没有具体法律规定，只能靠临时制定紧急规定。我国在财政应急管理方面，缺少关于灾情发生时应急资金如何分配、部门之间如何具体沟通、救灾政策如何落实、资金绩效如何监管、第三方部门如何分担等方面的法律。我国的财政应急管理法律只在大方面作了规定，对救灾的细节却没有明确。在目前的法律体制下，由于缺乏对责任的明确划分，导致管理活动无法有效进行，而且在具体执行的过程中，还面临着预警条件的判定、帮助对象的选择、资金来源的分配等复杂的问题，由于各方的利益无法得到有效协调，导致具体工作无法得到有效开展。而且在突发事件发生过程中，还可能出现企业风险由政府部门承担，地方政府风险由中央政府承担，本届政府的问题由下届政府承担等一系列复杂的现象，总之在问题失控之后，都会将所有问题推给中央政府，使国家财政面临很大风险。

应急资金支出程序繁杂，难以满足应急性需求。应急财政资金作为应对重大突发事件的重要组成部分，在程序制度设计上，应当符合突发公共卫生事件的紧急性需求。但在我国当前应急财政资金制度体系当中，并未严格区分应急财政资金与常规财政资金的拨付方式。这也就导致在重大突发事件发生后，应急财政资金的使用往往需要经过一系列繁杂的流程，极大影响了应急资金使用的及时性和有效性。以预备费为例，当前的预备费提取并没有明晰应急提取与常规提取的区别。当突发公共卫生事件发生时，应当由突发公共卫生事件的主管单位向上请示预备费的拨付，之后经同级别的财政单位确认后，将相应的情况递交同级别的政府单位进行答复，经同级相关单位答复之后，还需要人大常委会核准。只有当这一系列的流程结束之后，预备费才可以逐级进行下拨，最终由突发公共卫生事件的主管部门进行使用。由此可知，经过多层级政府部门以及相关机构的审查与批准，整个预备费的批复时间就会被拉长。但是突发公共卫生事件发生时，预备费的拨付与使用应当满足紧急性的特点，其下达必须快速、精准，从而最大限度地减少突发公共事件带来的损失。除了预备费以外，新型冠状病毒感染背景下，应急财政资金申请主要由每个地区专门负责的机构向各个地区的防疫指挥部提出拨付应急财政资金的请求，相关的指挥部门审批同意后，各个地区的财政部门就会以提高相关预算或者转移支付的形式拨付应急财政资金。而这层层的审批都需要较长的时间。在重大突发公共卫生事件发生的背景下，应急财政资金的应急性和时效性未得到充分体现。

应急财政需要在法治化的框架下做好财政保障与资金支持工

作。一是应在稳健预算框架下做好资金保障；二是应在税收法定前提下做好税费；三是应在绩效管理贯穿下强化资金监管。因此，我国必须出台一系列具体的财政应急管理法，才能使得我国应急管理工作有法可依，进而提高应急管理的效率。

（二）应急物资准备不足，制度化管理不够

预备费作为储备应急资金的主要手段，计提比例偏低；新冠疫情的救治暴露出我国医疗卫生公共服务供给不足；预备费与公共服务供给的不足导致应急物资准备不足。作为应急财政管理的关键组成部分，预备费的法律基础主要体现在《预算法》及其实施细则中。按照一级政府一级预算的原则，预备费可分为中央预备费与地方预备费，其中地方预备费由地方各级政府依据本级财政分别设置。近年来，频发的火灾、疫情、地震等重大突发事件一方面检验了我国人民在党的领导下众志成城、攻坚克难的决心，另一方面也暴露出我国各级政府应对重大突发事件时存在的短板。

首先，应急资金的准备明显不足。在全面防范、常规防范以及现代化防范的广度与深度方面，资金的来源和保障显得尤为不足。此外，在重大突发事件的预警机制领域，公共财政的资金投入也极为有限。我国政府预算可分为四类，分别是：一般公共预算、政府性基金预算、社会保险基金预算以及国有资本经营预算。1994 年，我国颁布实施了《预算法》，其中指出要根据当年预算执行中的自然灾害救灾开支及其他难以预见的特殊开支设置预备费，预备费应该按照本级政府预算支出额的 1%—3% 进行计提。2014 年，《预算法》经过重新修订后，规定预备费应该按照本级政府一般公共预算支出额的 1%—3% 进行设置，不包括其他三本预算，这使得预备费的计提基数降低了；再者，预备费按照

本级政府一般公共预算支出额的1%—3%设置，计提比例十分低。从表4－12以及表4－13可以看出，在2012—2019年，中央政府一般公共预算支出额在逐渐增加，但计提的预备费额度始终不变，保持在500亿元，预备费的计提比例明显降低，加之自2008年以后因灾直接经济损失占全国一般公共预算支出额的比例在多数年间都高于3%，足以说明我国预备费计提比例偏低，应急资金准备不足。此外，非传统财政应急管理资金的占比相对较低。应急基金管理（即财政风险基金）以及国债偿还基金的发展尚不充分；发行应急管理特别债券还停留在尝试阶段，发行频率较低、力度不大；紧急状态下的政府资产应急变现流动性不高；外汇储备的应急动用和举借外债触发条件较多且严，规模受限；保险资金、金融资本、社会捐赠等社会资金参与度较低；财政引导保险资金作用发挥不充分；银行信贷资金发展程度不高且投向集中；社会捐赠停滞不前，未形成规范的制度约束。

其次，应急物品准备不足。虽然我国近年来一直在增加医疗卫生的支出，在医疗卫生方面的供给一直在增加，但远远不够。2020年初，新冠疫情大规模暴发，全国多个省市派出大量援鄂医疗队奔赴疫情中心城市武汉，火神山、雷神山医院迅速建立，虽然效率很高，但也暴露出了我国医疗卫生资源的短缺，间接地说明了我国应急物品准备不足。

再次，预备费用的管理尚未实现制度化。筹集与分配紧急资金，是公共财政应急管理的关键所在。我国在紧急资金管理方面存在不规范现象，紧急资金的运作能力有待加强，财政支出的效率亦显不足。我国《预算法》规定了预备费的计提比例，新《预算法》扩大了预备费的应用范围，规定预备费用于当年预算执行中的自然灾害等重大突发事件处理增加的支出及其他难以预见的开支。但重大突发事件不会年年发生，若当年公共重大突发事件较少，预备费常会被用于其他难以预见的开支，比如弥补其他支出科目的缺口等，但《预算法》却没有规定如何处理预备费的结余。此外，我国的救灾捐赠资金由政府统一管理。然而，由于资金统一协调机制尚不完善，这部分资金往往被视作地方政府的自由支配资金。在资金的使用过程中，存在发放不及时、不合理，以及搭车收费、擅自提高收费标准、私自挪用救灾资金等问题，这些问题频繁发生，严重妨碍了救灾和减灾工作的顺畅进行。实践来看，当出现预备费结余的情况时，结余的预备费一般会被调入预算稳定调剂基金。然而，在处理重大紧急事件的过程中，我们发现，在流量式管理模式下，当年的预备费用未能结转至下一年度，这导致了在危机应对过程中无法有效满足资金需求，也无法满足当前发展的财务需求。预备费不滚动累计的管理模式缺乏长远考虑，以致当发生重大突发事件时，缺乏充足的预备资金迅速投入危机应对，降低了国家应对重大突发事件的支出能力。除此之外，当前的预备费提取并没有区分应急提取与常规提取。当重大突发公共事件发生时，应当由重大事件的主管单位向上请示预备费的拨付，之后经同级别的财政单位确认后，将相应的情况递交同级别的政府单位进行答复，经同级相关单位答复之后，还需要人大常委会核准。只有当这一系列的流程结束之后，预备费才可以逐级进行下拨，最终由重大事件的主管部门进行使用。由此可知，经过多层级政府部门以及相关机构的审查与批准，整个预备费的批复时间就会被拉长。但是重大突发事件发生时，预备费的拨付与使用应当满足紧急性的特点，其下达必须快速、精准，从而最大限度地减少重大突发事件带来的损失。由此可见，预备费缺乏制度化的管理，可能会影响应急资金的储备。

最后，预备费与预算稳定调节基金之间的应急关系存在混淆。预算稳定调节基金作为一种逆周期的财政政策工具，采用可累积的基金管理模式，其设立的宗旨在于保持预算的平衡，将预算执行较好的年份中的超收收入作为不足年份之补充。在实施用途上，一些省份还将超收收入扩大至应对重大突发事件。预算稳定调节基金与预备费在实施主体和客体上重合度较高，均为预算储备资金，同时，二者均具备应急功能，能够为突发事件提供财政应急资金。因此，在发生突发性事件时，二者的应急功能易混淆。相较于预算稳定调节基金纳入预算审批程序的动支方式，政府在动支预备费上的自主权更大，而预算稳定基金无论是在资金规模、管理方式、监督主体上相较于预备费的优势更大。2020 年突发公共卫生事件造成财政收入负增长和一般公共预算收入低于上年，这要求政府实施更加积极有为的财政政策，发挥预算稳定调节基金之功效，减少突发公共卫生事件冲击影响。若不厘清二者的关系，预备费存续的正当性则遭受质疑，同时，行政系统主导的管理模式无视程序理念，无序处置应急资金而减损应灾处理过程和灾后重建进程。诚然，我国预算支出一直处于逐年增加的状态，收窄提取口径对于预备费提取的数额可能并没有减少，然而事实上政府支出的增加往往意味着社会经济的增长，社会结构的复杂化，并且在复杂化的社会结构中突发事件出现的风险也会随之增加，而一旦有突发事件，对于社会的危害往往比之前更加广泛，因此需要政府更多的财政支持，就这一点来看，绝对数额的稳定意味着相对数额的减少，对于风险的抵抗能力也随之降低。

（三）平时监测不到位，财政预警系统不完善

“凡事预则立，不预则废”，重大突发事件的管理贵在预防，但是我国对重大突发事件的监测不到位，导致财政的预警系统也

不完善。应急投入的评价与监督机制影响着应急投入的使用效率，并且对未来完善应急投入机制，提高应急投入效率产生重要影响。我国《国家突发公共事件总体应急预案》对重大突发事件的范围以及预警级别都做了具体规定，为各级财政部门作出预警提供了基础。我国对于财政支出的监督在一般的财政制度中有着一定的规定，其目的是使财政资金在财政支出的整个活动中能够发挥出最大的效率，以达到资金的充分利用。在实践中，对于应急资金监督的规章制度也有所体现，例如“新冠”期间财政部下发《关于加强新冠肺炎疫情防控财税政策落实和财政资金监管工作的通知》（财办〔2020〕11号）提出强化资金监管，做好绩效评价，将政策落到实处，并将疫情防控资金纳入预算绩效评价之中，同时各级地方政府也纷纷出台相关的应急防控资金审计监督办法；“非典”期间在中央下达专项资金的同时也强调做好资金监督工作。但是我国部门之间协调性不够，彼此间缺乏沟通，信息不能共享，信息的收集、整理、汇总渠道也较分散，难以对重大突发事件进行全面监测和预警，难以构建预警信息网络，财政部门也难以建立有效的预警信息网络系统，无法及时发现危机，分析可能存在的风险，导致无法正确检测目标，无法及时提供预警。问题主要体现在以下几个方面：

一是基础数据库不完善。基础数据库的建立需要依托于大数据系统及应急管理统一作战系统，数据库需要依托财政部门、应急管理部门、公安部门、大数据等部门的通力合作，并依托大型信息化企业作为数据源支撑。财政应急保障预警机制的基础离不开数据，更离不开数据库的支撑，我国现阶段缺少这一环节。各个单位都有一定的数据库，但库与库之间的信息未能实现互通，导致财政部门无法准确研判灾情的级别，从而缺少了预警机制中的科技产能。

二是预警指标确立不规范。预警指标应包括风险类型、风险成因、风险历史数据、风险损失、损失明细情况等为主干的指标体系，从而全面、准确、科学地反映应急风险程度。目前，我国财政部门已建立起了初步的风险预警指标，但究其科学性、实操性还有待进一步的提升。指标预警体系最重要的任务是对尚未发生的突发事件风险进行准确监测，努力完成突发事件显性风险与隐性风险的自预警关联。

三是预警模型设计不全面。预警模型设计主要是针对预警指标进行分类汇总，叠加计量经济学、成本会计学进行样本分析构建而成。预警模型至少包括事前分析、事中分析、事后分析三个部分，通过对不同指标不同算法的模型推演，从而判断出财政部门在应急管理的各个阶段应当投入的资金量，从而更早地筹集相关资金。

四是预警管理能力明显不足。第一，政府的财政应急风险诊断能力不足。即系统分类和综合分析可能发生的各类政府财政应急风险的特征，分析判断出风险产生的原因、风险过程、风险可能带来的经济损失以及风险过去后恢复重建成本。第二，政府的财政应急风险评估能力不足。风险评估能力是预警管理的关键环节，评估的效果以及准确性一定程度影响着财政部门的判断。因此本套体系的建立应以准确作出风险评估作为基础。第三，政府财政应急风险预测不准确。政府应急风险评估能力不足严重制约着风险预测的准确性，造成一些无效或者失误的判断。因此，可以根据应急情况的紧急严重程度将风险分为无警报、轻警报、中警报和重警报四种状态，并用绿色、蓝色、橙色和红色色块进行匹配，从而建立起一套简单、便捷的多媒体应急报警系统，方便职能部门感知。

五是财政应急预警流程设计不到位。第一，财政应急风险预警流程机制的关联性较差。主要表现为财政应急风险监测和财政应急风险预测这两个过程并不相互关联。第二，预警过程的运行机制研究不足。财政应急风险预警流程的运行机制，应以预警收集为起点，以预警分析为重点，以预警决策为关键，以预警执行为终点，建立起一套符合我国财政应急保障现状的全流程运行模式。

六是财政应急信息化与智慧化应对能力还在较低水平。提高应急预警能力和应急响应水平是加快应急信息建设、实现科技赋能的重要举措之一。互联网、人工智能、大数据等技术有效提升了地方政府的应急响应能力和工作效率，但应急信息和智能响应能力仍处于较低水平。

（四）中央与地方财政应急权责划分不规范，管理不清晰

分税制的发展以及应急管理的演变使得中央与地方财政应急权责划分不规范，管理不清晰。跨区域性的重大疾病防控被纳入重大公共卫生服务范畴，并提升为中央政府的职责。这意味着一个地区突发公共卫生事件之后，卫生应急中包含的一系列的应急准备所需资金为中央与地方共同按一定比例出资，疾病检测和疫苗供给为中央出资。然而现实情况却更为复杂，重大突发事件最典型的是急性传染疾病，如“非典”“新冠”，通常这种急性传染病在一个地区暴发之后常因未能被及时发现以及人口的流动性而迅速向疫情地区外围辐射，导致多个地区甚至全国各地疫情的蔓延，此时外围受影响地区也会进行应急响应，这就出现了很强的负外部效应，本应由暴发地政府管控不力而承担的责任使得外围受影响地区同样承担支出责任，归根结底一定程度上也属于跨区域重大传染病防控。无论是中央政府与地方政府之间的纵向协调，还是地方政府间的横向协调，都面临着政府间事

权与支出责任划分的问题。一方面，1994 年实施分税制以后，我国逐渐形成了“财权上收，事权下放”的财政机制，财政应急管理的发展也受到了限制。自我国实行分税制以来，依据《国家突发公共事件总体应急预案》等相关法规，我们遵循“分级负责，属地管理”的原则，明确划分了中央政府与地方政府在事权和财政支出方面的责任。财权逐渐上收到中央，事权逐渐下放到地方，使得央地财政事权与财权划分极不清晰，导致重大突发事件来临之时，地方没有财力去承担本应该需要承担的责任，事权和财权明显不匹配。在这次抗击新冠疫情的过程中，财政部临时出台了关于新冠疫情防控经费保障政策的相关通知，划分中央与地方政府之间的事权和支出责任，这侧面也说明了在应急防控支出中，中央与地方政府支出责任各自承担的比例一直缺乏明确的制度规定。

另一方面，应急管理属于我国公共管理中的一个新兴领域，其自身的管理内容、应对机制等还不完善，正处于演变之中，导致央地财政关系还无法实现稳定。“非典”期间，我国中央与地方应急财政就有权责划分不规范，管理不清晰的问题，“非典”过去二十年了，中央与地方财政的事权与支出责任依旧不明确，在应对重大突发事件时依旧问题突出，难以在灾害来临时向人民提供高质高效的应急公共服务。我国通常是在突发事件发生时，紧急出台各类财税措施，这些财税措施均具有较大的临时性，而突发事件尤其是突发公共卫生事件往往伴随着反复性，这就使得政策可能在短期内会进行调整，另外由于各级政府层级反应的滞后，往往上个政策刚刚执行不久便又换新政。因此，我国需要制定出可操作的制度，使得我国各级政府在面对灾害类重大突发事件时，可以明确按照什么样的程序启动应急处理机制、中央和地方政府之间如何进行财力分担、中央政府如何向地方政府提供援助，从而提高我国央地应急管理的事权与支出责任清晰度。

此外，财政应急资金的支出结构存在不平衡现象。在应对突发事件时，应急财政资金的支出贯穿危机的前、中、后三个阶段，覆盖了整个事件过程。如何合理地按比例分配资金，对于提高应急财政资金的配置效率至关重要，同时也体现了政府在处理突发事件时的应急管理水平。根据灾害管理的4R原则（分别指缩减力Reduction、预备力Readiness、反应力Response、恢复力Recovery），财政应急资金应该在缩减、预备、反应和恢复4个阶段合理分配，事前预防的资金投入可以帮助其缩短面对危机的反应时间，提高处置危机的效率，从而减少恢复的资金成本，降低突发危机的负面影响。从我国应对突发事件的实践来看，预防阶段的资金需求明显被忽视，绝大部分资金都用在了处置、救援、事后恢复上。比如，近年来，我国在公共卫生领域的财政资金投入逐年攀升，但疾病预防系统被忽视，导致在突发公共卫生事件时疾控体系作用没有充分发挥。一方面，疾病预防资金长期财政投入不足，易引发基层疾控体系人才流失、实验设备陈旧、应急储备物资不足等一系列问题。传染病暴发时，疾控工作能力不足导致防控措施无法有效开展，影响遏制速度，加重后期救援治疗的财政负担。另一方面，缺乏资金，疾病预防体系建设不完善，日常的数据收集和维护不足，公共卫生事件突发时缺乏科学准确的数据支撑，难以合理测算资金的规模，影响资金的拨付和使用的效率，导致应急资金的作用发挥与预期效果存在差距。

（五）财力分担意识不足，第三方风险分担投入不够

我国财政在灾时应急响应阶段，缺少财力分担的意识。我国是一个社会主义国家，在经济管理领域，虽然主要实行市场经济体制，辅以计划经济，但在灾害救援方面，政府的统筹管理仍然

是不可或缺的。财政部门需对救灾的各个阶段提供必要的资金支持。多年来，形成了一有灾害事件发生财政承担全部资金援助工作的意识。党的十八届三中全会指出市场要在资源配置中发挥决定性作用，充分利用市场在资源配置中的高效率。新冠疫情防控中湖北省红十字会管理效率低下，救援物资囤积、配送不及时、不透明、不合理，从而增加时间成本和管理成本，但是九州等药业物流配送公司参与湖北省红十字会的捐赠物资配送后，实现了2小时内就完成了医疗物资从进库到发货配送的全过程，显著提升了捐赠物资的分配和使用效率。实践表明，市场在资源配置中应发挥关键作用，我们应当充分利用市场机制，以最大化资源配置的效率。但政府对第三方参与灾时救助工作重视不足，财政也缺少了财力分担的意识。

再者，我国第三方主体风险分担的投入也不足。在我国，当有灾害事件发生时，第三方参与度很低，保险业以及社会捐赠是主要力量。以新冠疫情来说，医疗保险发挥了重要作用，社会捐赠也做出了巨大贡献，这主要也是财政部门在积极推动。但是相对来说，商业保险的参与度却十分低，救助的资金与财政筹集的资金相比是不值一提的，使得保险经济补偿作用没有体现。这也进一步说明了我国第三方主体风险分担的投入不足，需要鼓励第三方部门积极参与灾害救治，帮助财政分担财力，减轻财政压力。

另外，现有的灾情保险也凸显了保险理赔补偿有限的问题。财政部与卫生健康委员会联合发布的《关于新型冠状病毒感染肺炎疫情防控经费有关保障政策的通知》明确指出，确诊患者在医疗费用方面，除了通过医疗保险、重大疾病保险以及医疗援助等途径获得的补偿外，剩余部分将由国家财政全额承担。因此，尽管各保险公司扩大了其承保责任，但实际支付的赔偿金额相对有限。从风险管理的角度来看，在赔付方式方面，保险公司一般按照原保险合约保额来办理赔偿，责任扩展赔偿金额基本在保额的30%以内。大部分保险公司确诊新冠就理赔30%保额，合同继续有效，少部分是区分普通型、重型和危重型，对普通型理赔轻症或中症，对于重型和危重型当作重疾，理赔100%保额，但有些产品只扩展了身故责任。当然，为彰显保险公司责任，扩展责任理赔将根据新冠治疗成本，作出符合实际的补偿。值得注意的是，大多数保险公司的新冠责任赔付额度较低，而从相关肺炎医疗费用信息来看，平均治疗费用是100 000元起（轻症患者除外）也就是说一份50万元保险金额的重疾险，如果患新冠要求赔付的话，赔付金额的上限是15万元，和平均10万元的治疗费用相比，就显得杯水车薪了。对于按身故责任理赔方式进行赔付的方式，由于国内疫情防控政策有效，总体致死率较低，身故赔付额度也较低。因此，在未来保险产品开发中，不仅需要考虑到身故风险，也需要考虑到医疗风险和早期慢性疾病风险。应急管理方面，为了提高对疫情的应对能力，政府需要增加疫情防控经费，确保有足够的资金用于应对突发公共卫生事件的风险。中央和各地财政分批次下拨疫情防控经费，安排基本公共卫生服务、基层疫情防控经费等，共需要近千亿元人民币。各级财政到2020年4月底已安排1 499亿元用于疫情防控工作，让老百姓不要因担心费用问题而不敢就诊，确保各地医疗保障、疫情防控不因资金问题而受到影响，与此相比，各大保险公司的赔付额相加仅有7 800万元，这说明商业险的新冠保险覆盖面不够宽，有待进一步完善。2020年、2021年两年疫情，政府共花出4.2万亿元卫生费用，这几乎是2016—2018年三年的总额；2020年，中国政府卫生支出近2.2万亿元，比2019年增长22%，达到近十年的增速高峰。根据2020年财政部发布的全国一般公共预算支出决算表，公共卫生支出超出预算 1 465 亿元。具体来看，突发公共卫生事件应急处理的支出高达 1 148.14 亿元，这一数字是 2019 年的 16.2 倍。尽管 2021 年该支出有所下降，但仍保持在大约 872 亿元的高水平。除了卫生领域的开支，政府还实施了大规模的企业援助和纾困政策，发行了 1 万亿元的抗疫特别国债，并增加了 1.6 万亿元的地方政府专项债券。相比之下，保险业所提供的风险保障显得有限。

（六）财政对应急资金的监督不到位，评估指标不科学

1. 财政应急资金监督不到位

应急财政资金具有不同于常规财政资金的紧急性与实效性等特征，由此常规的监督措施，不足以对紧急性的资金使用进行监督。应急监督管理能力存在改进方式。对应急财政资金实施全过程监管可确保资金直达受灾地区，将资金效用最大化。但在推进应急监督管理过程中出现了财政监督、人大监督、社会监督三种监督方式与绩效评价脱节现象，导致应急监督管理未能真正发挥作用。应急财政投入监督评价机制以绩效为导向，旨在约束应急投入行为，并确保资金能够有效地应用于既定用途。绩效评估旨在提升资金支出的效率，确保资金的合理、合法及合规使用。它致力于最大化应急资金的使用效益和资源的优化配置，同时将不必要的损失降至最低。与此同时，应急财政监督管理往往轻事前重事后，而加强事前财政监督可有效防范各种隐匿问题的发生，减少突发重大公共危机事件发生时因资金支出混乱等问题而产生的额外成本。

当前，我国对于应急财政资金使用的监督力度不足，应急财政资金使用的透明度不高，不利于增强政府的公信力。突发公共

卫生事件具有突发性，通常大量的财政资金在发生后进行拨付转移，这种临时性的集中大量的资金拨付更需要严格的监督机制。而目前我国在突发事件下对财政资金的监督往往是临时性的，一些相关的规章制度也是临时制定的，而制度的落实通常需要一定的时间，这就导致了应急财政资金在突发事件初期拨付混乱无章法的情况出现，并且由于缺乏常态化的对应急财政资金的监督制度，导致各级政府不够重视，进而出现拨付效率低下甚至混乱不清的状况。我国财政在事前、事中、事后均存在资金监督不到位的情况。在事前阶段，当前的法律规范中没有专门规定预备费的财政监督机制，预备费的财政监督机制与其他的预算科目相同，主要由作为外部监督机关的各级人大承担。但当前我国人大预算监督机制仍然存在诸多有待改进之处。人大监督受制于监督人员队伍建设，监督人员数量与素质无法与当前的预算监督要求相匹配，导致在事前预防阶段，预备费的设定数额、比例流于形式，难以发挥其监督作用。事前由于救灾申报流程烦琐，也难以发现合谋套利的情况，临时性的财政资金在拨付过程中又缺少许多流程标准，也无法对财政资金做到准确监督，使得监督效率低下。

在事中阶段，发生重大突发事件时，中央政府与地方政府往往通过快速集结预备费、转移支付、征收征用资金，以解决因预算不足而难以应对突发事件的困难。这是“急事急办、特事特办”的原则在应急管理中的具体体现。重大突发事件的不确定性打破了财政常态，变通预先制定的应急方案是正常做法。在实践中这种现象也屡见不鲜。突发状况发生后，应急资金需经历筹集、拨付、分配、使用4个阶段，资金筹集渠道是否合理、筹集程序是否合法、分配依据何种法律规范，拨付的程序是否及时、公开、透明等，都需要得到切实的监督。由于时间紧迫和事态特殊，事前无法经过人大审批，政府在请示上级领导后即自行决定资源调配。实践中，往往资金拨付到位后监督管理松懈，存在资金被沉淀、挤占、挪用的风险，事后人大难以取得全面、真实、详尽的资金使用报告。与各级人大协作的其他政府机关诸如审计机关、司法机关等也无法参与其中，外部监督严重缺失。近年来，我国新闻媒体迅猛发展，社会舆论监督已经成为监督力量中不可或缺的一部分。但在重大突发事件中，应急资金的支出往往是社会监督无法介入的地带。从合法性上分析，除社会捐赠资金外，政府有权根据已经各级人大法定程序批准的预算调整本级财政的各项支出，如需变通则应经法定程序通过。从财政绩效上分析，资金筹集过程往往成为贪污腐败的节点，部分地方政府存在夸大灾情以牟取私利的现象。在资金分配、拨付和使用过程中，资金配置是否合法合规、是否取得实效，这都是应急财政监督的重点。

事后重建阶段，审计应急资金的财务报表、财务记录等，在现实中也存在缺失。事后监督工作较细，需要仔细进行，难免会监督不到位。只有完善事前、事中和事后监督机制，关注应急财政资金的实效，才能真正发挥应急财政的作用。

2. 我国应急资金的绩效评估指标设置不够科学

公共财政绩效评估涉及依据绩效目标，采用科学的评估方法，以财政支出的成本效益分析为重心，构建一个综合指标体系作为评估基准。该过程旨在对财政支出的成本及其产生的效益进行客观和公正的评价，并据此划分不同等级。此外，评估结果将被用于进一步提升绩效。财政绩效评估是确保财政预算制度科学化的重要保障，对于强化财政资金管理以及提升财政资金使用效率具有深远的意义。依据《财政支出绩效评价管理暂行办法》，财政支出绩效评价构成了评估政府资金的关键机制。该评价涉及财政部门和预算部门，它们依据既定的绩效目标，采用科学和合理的绩效评价指标、标准及方法，对财政支出的经济性、效率性和效益性进行客观和公正的评估。由此可知，应急财政资金支出绩效评价，是指在突发公共事件的背景下，对应急财政资金进行评价的一种机制。根据我国财政部印发的《中央自然灾害救灾资金管理暂行办法》，其中规定对于相关应急资金的运用，必须全过程进行绩效管理。由此，在重大突发事件发生后，通过对应急财政资金支出的相应情形进行绩效评估，有利于预算目标与绩效目标相呼应，增强预算执行的准确性，进而促进我国应急管理监管机制的进一步完善。然而，在实际操作中，《财政支出绩效评价管理暂行办法》和《项目支出绩效评价管理办法》等规范性文件并未为突发公共卫生事件设立专门的应急机制。目前，我国尚未构建起一套完善的应急财政资金绩效评价体系。在应对突发公共卫生事件时，财政资金的使用缺乏有效的绩效评价机制。长期以来，我国的审计监督工作偏重于资金的拨付过程，而对资金使用效果的考核和监管则相对薄弱，这导致了财政应急资金评估指标的设置存在偏差。另外，重大突发事件发生时，它所引起工厂、商店、交通等的损失和减灾投入即支出的情况是财政应急资金绩效评估的一个重要依据，但是灾情所引起的损失是难以计量的，这会导致财政在设置应急资金的绩效评估指标时更加不科学。

除此以外，由于当前体制下上级政府对于突发公共卫生事件具有更为直接的领导管理权，在应急过程中大多数的应急资金来源于上级政府的财政转移支付，这就导致地方政府遵循“谁支出谁评价”的原则，依托上级政府进行应急财政资金的绩效评价。由此，在实际过程中，应急财政资金的绩效评估机制难以深入地方政府，这就使得绩效评估应用的全面性得不到体现。同时，我国在应对突发自然灾害时，往往缺乏系统性的指挥与协调措施。许多应对策略是临时制定的，这导致无法有效地引导和规范财政资金的管理，进而造成财政资金管理上的乏力。这导致了财政应急资金拨付后出现若干问题，包括资金使用不规范、分配不公、管理松懈，以及救灾资金被挪用、挤占，救灾资金用途被随意调整，甚至恢复重建资金遭到贪污等现象。因此，针对上述问题，应当对当前我国应急财政资金的绩效评价机制进行更为合理的改善，以满足突发公共卫生事件的应急需求，并为未来的应急事件提供纾困之道。

（七）基层投入不足，应急管理能力脆弱

应急管理构成了国家治理体系和治理能力的关键部分，肩负着预防和化解重大安全风险、迅速应对和处理各种灾害事故的关键职责。它还承担着保障人民群众生命和财产安全、维护社会稳定的神圣使命。随着应急管理体制改革的推进和应急管理部门的成立，应急管理工作的系统性、整体性和协同性得到了显著提升，一个具有中国特色、覆盖所有灾害类型、适应大规模应急响应的国家应急管理体系已初步建立。然而，由于全面构建应急管理体系建设的时间尚短、基础薄弱、底子不厚实，特别是在面对新的形势、风险和挑战时，现行体系开始显现出基层应急管理的脆弱性和不足之处。

自党的十八大以来，以习近平同志为核心的党中央从党和国家事业发展的全局出发，统筹考虑发展与安全两大关键任务，对全面提升公共安全保障能力、提升安全生产水平、完善国家应急管理体系进行了全面规划。这些举措为解决长期以来困扰应急管理工作的关键问题、推动应急管理体系和能力现代化，提供了重要的发展机遇。然而，目前基层应急管理领域仍有一些迫切需要

解决的薄弱环节。

1.“重应对轻预防”普遍。现有的灾害管理体系为“单灾种管理”，各职能部门按照气象灾害、消防安全、交通安全等进行专业化管理，但落实到基层管理模式无法有效整合。

2.应急管理职责不明。受现有体制机制的限制，基层应急仍依赖于传统的管控模式，仅停留在临时应急，各单位相互协调配合和自救互救能力有待提升，部分存在指挥调度不顺畅、分级响应不及时，应急处置、协调联动、资源调度的综合能力仍然较弱，试错纠偏与政策反复频率较高。

3.应急管理队伍不强。目前具体的应急任务主要由基层工作者承担。但基层应急管理人员多数不具有专业应急管理知识，应急知识技能欠缺，风险识别能力差。

4.应急储备和支持不足。基层应急基础设施缺乏统一建设规范和标准，设施配备参差不齐，存在布局不合理、功能分区不科学甚至缺失或老化无法使用的现象。基层经费主要依靠县级财政拨款，但因县级经费紧张，许多基础设施未落实到位。

（八）政府及公众危机意识薄弱，缺乏防范风险能力

在重大突发事件发生之际，公众常常面临识别能力不足的问题，难以采取有效的应对措施，既无法自救，也无法冷静地参与事件处理。以新冠肺炎疫情为例，部分民众因缺乏对疫情的准确理解和适当的预防措施而感到无所适从。各级财政部门在公共危机意识方面存在缺陷，这限制了应急反应机制的充分发展。此外，在面对突发重大事件时，地方财政部门往往缺乏主动应对的勇气，倾向于依赖中央政府的援助，表现出“等、靠、要”的态度，这导致了行动上的迟缓，错失了大量减少疫情传播的关键时机，间接促进了疫情的蔓延。在新冠肺炎疫情的背景下，各级财

政部门在应对重大突发事件时显得准备不足，这一点在疫情暴发后公众普遍缺乏基本防范知识的现象中得到了体现。同时，各级财政部门在疫情初期的救援作用并不显著。

公众的危机意识水平是衡量一个国家国民素质的关键指标。在我国，无论是普通公民还是政府官员，普遍存在着对危机重视不足和风险防范意识薄弱的问题。公共财政在培养公众和政府官员的忧患意识方面投入甚少，且不愿意在培训和演练突发自然灾害应对方面投入人力、物力和财力。因此，在突发重大自然灾害发生时，公众往往无法迅速识别危机并进行有效自救，也无法积极参与灾害治理。地方财政部门过度依赖中央政府，缺乏应对灾害的主动性，导致错失许多救灾的良机，迫使政府在灾害恢复和重建上投入更多的时间和资源。

为了增强公众及政府官员对危机的警觉性，有必要从教育和培训着手，强化危机管理的普及教育。这包括在学校教育中加入危机应对和自救互救的知识，以及在公务员培训中强化应急管理和灾害应对的课程。同时，应鼓励和支持社区、企业等社会力量参与灾害预防和应对的演练，提高公众的参与度和应对能力。此外，财政部门应考虑设立专项基金，用于支持危机管理和灾害预防的科研项目，以及开发和推广有效的风险评估工具和预警系统。通过这些措施，可以逐步构建起一个全民参与、政府引导、科学管理的公共危机防范体系，从而有效提升我国在面对重大突发事件时的防范风险能力和应急反应能力。在具体实施上，可以采取以下措施：首先，教育部门应与应急管理部门合作，将危机管理知识纳入中小学及高等教育课程体系，通过模拟演练和案例分析等方式，增强学生的实际操作能力。其次，公务员培训应定期更新课程内容，确保政府官员能够掌握最新的应急管理和灾害应对知识。此外，社区和企业应定期组织应急演练，通过模拟真实灾害场景，提高公众的应急反应速度和自救互救能力。财政部门应设立专项基金，支持相关科研项目，鼓励开发适用于不同灾害类型的风险评估工具和预警系统，以科学手段提升预警的准确性和及时性。通过这些综合措施，可以有效增强公众和政府官员的危机意识和风险防范能力，为国家应对重大突发事件提供坚实的保障。

第五章
国外重大突发事件财政应急管理经验借鉴

全球变暖和快速城市化等现象日益加剧，导致突发性灾害事件频发，这些灾害严重威胁到了人民的生命财产安全，并对社会经济的稳定与发展造成了重大影响。为避免重大突发事件的发生，最大限度地减少重大突发事件带来的人员伤亡以及经济损失，世界各国均出台了一系列政策应对。尽管各国在国情与体制上存在差异，但共同的应急管理经验与启示仍具有重要的借鉴价值。

一、应急法律体系完备，重大突发事件治理有法可依

国外许多国家在应对重大突发事件时，都建立了完备的应急法律体系，“依法应急”成为这些国家的共同做法。全球大多数国家已经建立了“基本法＋专业法”的应急管理法律体系。这一体系首先制定一部全国统一的紧急状态法，作为国家在危机应急管理方面的基础性法律。基于此，进一步制定和完善了涉及危机应急管理各个方面的专业法律。通过构建这样的法律框架，不仅明确了预防与应急准备、应急处置与救援、事后恢复与重建等各阶段的管理流程，还对参与危机应对的所有主体的权利和责任进行了明确规定，尤其是详细划分了中央与地方政府在处理公共危机时各自的财政职责。这样做旨在确保一旦发生紧急情况，能够迅速启动一个指挥有序、程序规范、保障充分且高效运作的应急

响应机制。在这一体系中，各国政府通过立法明确了应急管理的基本框架和原则，为应急管理提供了坚实的法律基础；同时，也制定了具体的实施细则和操作指南，确保各项措施能够得到有效执行。此外，各国还注重加强国际合作与交流，借鉴他国成功经验，不断完善自身的应急管理体系。通过这种方式，不仅提高了本国应对突发事件的能力，也为全球范围内的灾害应对做出了积极贡献。

（一）美国应急法律体系

美国，作为一个法治国家，拥有一个极为完善的应急法律体系。自 1950 年起，美国颁布了《灾难救济法》，奠定了公共安全管理的制度性立法基础。1976 年，美国进一步制定了《紧急状态管理法》，确立了其在重大突发事件应急管理领域的基本法律框架。基于这一框架，美国陆续出台了一系列财政应急法律，这些法律详细阐述了应急资金的筹集方式以及中央与地方财政职能的划分。1988 年，《司徒亚特麦金莱罗伯特斯塔福法》的实施，为公共部门的救援程序和救助责任提供了明确的指导。进入 1992 年和 2007 年，美国分别推出了《联邦应急计划》和《斯坦福减灾和紧急救助法案》，这两部法律对应急资金的筹集渠道、供给机制以及应急管理储备基金的建立进行了具体规定。到了 2006 年，美国颁布了《卡特里娜飓风应急管理改革法》，该法律对《罗伯特·斯坦福灾难救济与应急援助法》和《国土安全法》中的若干条款进行了修订，强化了应急响应机制，确保国家在遭遇灾害时能够更有效地采取应对措施。

除此之外，美国的应急管理标准与法律法规、政策文件之间紧密相连。一方面，应急管理体系为制定标准提供了切实可行且与时俱进的需求框架；另一方面，这些标准作为技术支撑，助力法律法规和政策文件的执行，确保应急管理机制的高效运作。无论是总统令还是其他相关法规、国家应急框架或突发事件管理体系等文件，都明确提出了标准制定的具体要求，并强调了标准化的重要性，要求在灵活性与标准化之间取得平衡。此外，众多法律法规或政策文件中也援引了相关标准，以强化其规范内容。《斯坦福法案》就是一个典型例子，它规定基础设施的修复和重建必须遵循特定的安全、卫生和资助标准，并且要求建立综合标准来评估联邦重大灾害紧急援助计划的效率和效果。

（二）日本应急法律体系

日本是一个自然灾害频发的国家，特别是地震和海啸等灾害极为常见。在与这些灾害的长期抗争中，日本逐步建立了一套符合本国国情且相对完善的防灾减灾机制。在应急管理标准化领域，日本的一大特色是其法律法规体系的完善性。从宏观的角度来看，法律法规作为具有强制力的标准化文件，在规范应急管理活动中扮演着至关重要的角色。日本坚持立法先行、依法进行应急管理的原则，因此其应急法律体系不仅起步早，而且种类繁多、覆盖面广泛，包括传染病预防控制、食品安全保障、药品安全管理、公共卫生维护以及医疗服务等多个关键领域，构筑了专业化的法律框架。此外，相关的应急管理部门还制订了一系列工作指南和行动计划，从而构建了一个全面的应急管理预案系统。

自 1947 年日本颁布被誉为“防灾宪法”的《灾害对策基本法》以来，中央政府便以此为核心，制订了“防灾基本计划”，并陆续推出了超过 200 项与应急管理相关的法律法规。这些法规不仅包括了基本法，还扩展到了紧急应对法、灾害预防法、灾后复兴与重建法以及灾后组织管理法等多个领域。它们详细规定了在应对重大突发事件时的财政支持措施，对于提升政府的应急管理能力起到了至关重要的作用。

日本政府不仅构建了一套全面的法律法规体系，还制定了包括《大规模灾害时消防及自卫队相互协助的协议》在内的多项规章制度，旨在进一步提升应急响应能力。各级政府积极回应中央政府的号召，进一步完善了包括防灾基本预案、防灾业务预案以及地域防灾预案在内的一系列应急预案。这些预案的核心目的在于清晰界定各级政府部门、非政府组织（包括社会团体及公民个人）在防灾减灾工作中的具体职责与任务，从而确保全国应急管理机制能够高效协同、顺畅运作。

（三）俄罗斯应急法律体系

俄罗斯的应急管理体系显著地展现了“大总统”与“大安全”两大特征。所谓“大总统”，是指俄罗斯总统在应急管理体系中的权力范围相较于美国总统更为广泛。总统不仅是国家元首，负责执行立法机构的决策，更是整个应急管理体系的核心决策者，所有重大的应急管理方案与行动均需由总统亲自裁定，因此直接掌握了应急管理的决策权与执行权。而“大安全”则体现在俄罗斯从中央至地方，建立了多层级、专职化、综合性与协同性兼备的管理职能机构。这些机构包括俄联邦、联邦主体（涵盖州、直辖市、共和国、边疆区等）、城市以及基层村镇四级垂直领导的紧急状态机构。此外，俄罗斯还设立了专门负责国家安全战略的重要机构——联邦安全会议。该机构下辖 12 个跨部委的委员会，分别负责宪法安全、国际安全、信息安全、经济安全、生态安全、社会安全、国防工业安全、独联体安全、边防政策、居民保健、动员与动员准备以及科学事务。这 12 个委员会几乎涵盖了国家安全的所有领域，组织体系严密且功能全面。联邦安全会议不仅是俄罗斯国家安全决策的最高层级机构，也是俄罗斯总统的重要权力支撑。这一强大的中枢决策机构构成了俄罗斯应急管理体系的一大亮点。俄罗斯政府高度重视应急领域的法治建设，《俄罗斯联邦紧急状态法》作为应急管理的核心法律，详尽阐述了紧急状态的定义范畴、预防措施及应急响应机制，并赋予政府在紧急状态下必需的特殊权限，以确保突发事件能够得到及时有效的应对。此外，诸如《紧急状态法律制度法》《俄罗斯联邦战时状态法》《居民与领土免受自然及人为灾害保护法》《事故救援机构与救援人员地位法》以及《公民公共卫生与流行病医疗保护法案》等一系列法律，共同构成了俄罗斯应急法律体系的坚固基石。

除了上述核心法律框架，俄罗斯还制定了大量的联邦法律、规章制度、条例及内部指令，作为对核心法律的补充与细化，进一步健全了应急法律体系。这些法律文件广泛覆盖了灾害预防、应急救援行动、灾后恢复重建等多个应急管理环节，为俄罗斯的财政应急管理工作提供了坚实的法律保障，推动了应急管理立法体系的不断完善。

（四）澳大利亚应急法律体系

与其他国家相比，澳大利亚所遭受的自然灾害在强度和发生频率上相对较低，这在很大程度上归功于其独特的地理环境和地形特征。然而，有效的灾害管理策略同样发挥了至关重要的作用。澳大利亚建立了一套标准化的文件体系，以规范其应急管理工作，该体系包括法律法规、应急管理手册以及相关参考文件。类似于美国的做法，澳大利亚也颁布了具有指导性的应急管理文件——《国家应急救援管理》。在联邦层面，澳大利亚制定了一系列法律，例如《灾害管理法》《紧急救援法》和《民间国防法》，这些法律详细规定了政府机构在应对紧急事件时的职责、权力行使程序、对公民的救助措施以及议会监督等事宜。此外，政府还制定了《澳大利亚应急管理安排》，该安排对所有突发事件中联邦、州及地方政府在紧急情况下的应对措施进行了总体概述。基于此，澳大利亚针对包括航空灾害、海上灾害、辐射灾害等在内的几乎各种灾害类型，都制订了一系列的应对计划和措施。在州级层面，各州也根据本地区的实际情况，制定了具有地方特色的法规条例。例如，昆士兰州在 2003 年颁布了《昆士兰灾难管理条例》，以更好地适应和应对当地可能发生的灾害。

对于澳大利亚而言，由于其应急法律制度已相当完善，使得联邦、州及地方政府在应急管理方面的职责划分、运行机制以及保障措施均达到了高度的规范化和法治化水平，这为灾害管理和突发事件应对的科学性与合理性提供了坚实有效的保障。

国外应急法律体系的健全性不仅体现在其涵盖内容的广泛性上，更在于它对重大突发事件救助全过程的明确界定，以及对各参与主体工作职责和任务的详细阐述。这些法律体系不仅规定了应急管理的各个阶段程序，还明确了应急管理参与者的权力与责任，以及资金筹措的具体方式，从而为重大突发事件的应对提供了强有力的法律支撑。这确保了在突发事件发生的第一时间，能够迅速构建起一个规范、高效且有力的财政应急响应机制。

二、央地财政事权与支出责任清晰，应急管理原则明确

在一些发达国家，中央与地方之间的权责划分和支出责任界定十分明确，且在应急管理方面遵循着清晰的原则。在事权

分配上，不同主体在应对突发事件的流程中各自承担着具体的责任。具体来说，中央政府在突发事件的预防、前期准备以及采取措施减轻灾害损失方面承担着核心责任，而地方政府则主要负责在突发事件发生时的应急响应和灾后重建工作。通常情况下，中央政府不会无故干预地方政府执行其职责，只有在遇到特别重大的突发性公共事件，且地方政府无法独立应对时，地方政府才会向中央政府请求支援。在这种情况下，中央政府会介入，统一领导和处理那些超出地方政府处理能力的重大突发事件。从支出责任的角度来看，地方政府是应急管理支出的主要承担者。只有当公共危机导致的应急支出超出了地方政府的财政承受范围时，地方政府才会向中央政府寻求支持。在这一过程中，地方政府保持适度的独立性，不会过度依赖中央政府，而中央政府则提供必要的财政援助，并在地方政府财力不足时承担最终的保障责任。

（一）美国央地财政事权与支出责任划分

美国的应急管理体系以总统领导下的国土安全部和联邦紧急事务管理署（FEMA）的协同指挥为核心。在处理国家层面的大多数突发事件时，决策和执行通常涉及国土安全部与各州及城市的应急系统共同协作。对于较为特定的突发事件，则由各州的专业部门和城市应急系统独立应对。国土安全部将应急管理分为五个阶段：准备、预防、响应、重建和缓解。缓解阶段在整个应急管理流程中持续进行，目的是将灾害的影响降至最低。FEMA 已经建立了一套“综合应急管理体系”，以应对各种规模的自然灾害和人为事故。美国的应急管理体系注重效率与安全的平衡，从日常小规模事件到战争状态，都制定了全面的指导、控制和预警预案。此外，通过模块化的应急功能划分，该体系确保了组织结构的高度灵活性。在应急管理的权责分配上，美国实行属地化管理原则。面对重大突发事件，州和地方政府会率先采取行动并启动应急措施。如果事件的影响超出了地方政府的应对范围，它们可以向联邦政府请求援助。联邦政府将根据法定程序，依据收到的援助申请，采取适当的应急措施，协助地方政府应对灾难。（见图5－1）。

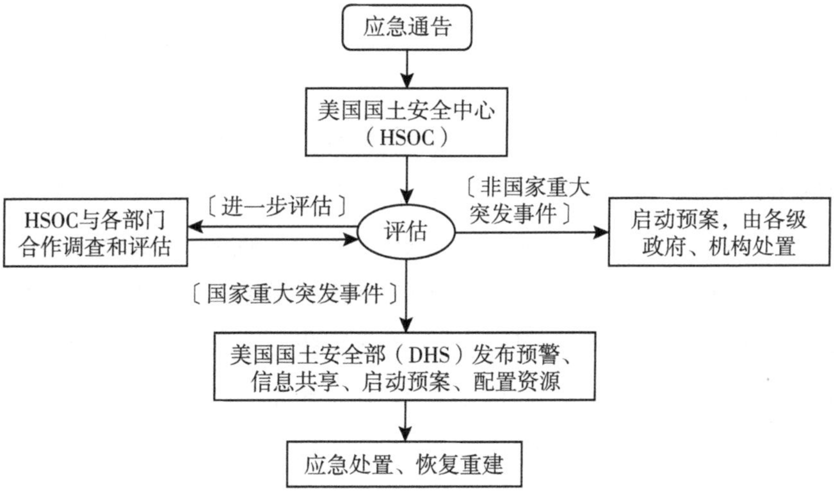

图5－1　美国应急管理体系

资料来源：刘奕，翁文国．城市安全与应急管理［M］．北京：中国城市出版社，2012.

以灾难防御为例，构建和运营全国性的灾难防御体系的责任归属于联邦政府，相应的财政支出也由其承担。在灾难发生时，州和地方政府会迅速作出反应，并执行初步的应急措施。若灾难的严重程度和危害范围超出了地方政府的处理能力，导致所需公共支出超过其承受范围，州政府将向联邦政府提出援助请求。一旦接获申请，联邦政府将依照既定的法律程序和制度，采取相应的应急措施，向地方政府提供所需援助。以新型冠状病毒（COVID－19）疫情为例，特朗普总统宣布美国进入紧急状态，并指出纽约州遭遇重大灾难。随后，联邦政府遵循法定流程，迅速调配了500亿美元的紧急救助资金，专门用于支援疫情严重的纽约州、加利福尼亚州、伊利诺伊州等地的地方政府及机构，共同抗击这一疫情。

（二）日本央地财政事权与支出责任划分

受到地方自治制度的影响，日本各级政府间无论是传统的事权分类方式，还是新的法定委托事务和自治事务的分类，或者政府间共享事权，其事权经费负担或支出责任都能根据法律找到明确的政府层级归属。日本的财政体系建立在明确的事权划分基础上，中央政府承担着国家整体发展的责任，而地方政府则负责本地区的具体事务。这种分工合作的模式，确保了各级政府能够根据自身职能高效运作，同时也为民众提供了更为精准的服务。在中央政府层面，其财政事权主要集中在国防、外交、货币政策等涉及国家安全和宏观经济稳定的领域。这些领域的支出责任由中央政府全权负责，以确保国家的整体利益不受地方利益的影响。例如，日本的国防预算是由中央政府独立编制和执行的，这不仅保障了国防力量的统一指挥，也避免了地方间因安全事务而产生的矛盾和冲突。相比之下，地方政府的财政事权则更多地体现在公共服务和社会福利方面。教育、医疗、基础设施建设等领域的支出责任主要由地方政府承担，这使得政府能够根据本地实际情况，制定更为贴合民众需求的政策措施。例如，地方政府会根据本地区的人口结构和经济发展水平，调整教育资源的分配，以促进教育公平和提高教育质量。

然而，央地财政事权与支出责任的划分并非一成不变。随着社会经济的发展和民众需求的变化，日本政府也在不断调整和完善这一机制。例如，面对老龄化社会带来的挑战，中央政府增加了对地方政府在养老服务方面的财政支持，以鼓励地方政府提供更多高质量的养老服务。此外，日本政府还通过设立特别账户、补助金等方式，对地方政府进行财政支援，以确保地方政府在承担支出责任时不会因财力不足而影响服务质量。这种支援机制不仅增强了地方政府的财政自主性，也提高了公共服务的整体效率。在税收分配方面，日本政府实行的是分税制。中央政府通过税收分享的方式，将一部分税收收入划拨给地方政府，以保证地方政府有足够的财力履行其财政事权。这种税收分配机制在一定程度上缓解了中央与地方之间的财政紧张关系，也为地方政府提供了稳定的财政收入来源。

日本央地财政事权与支出责任的划分是一个动态调整的过程，它既保证了中央政府对国家大事的掌控，又赋予了地方政府足够的自主权来满足民众的具体需求。这种机制的成功实施，不仅提升了政府的行政效率，也为其他国家提供了宝贵的经验。在未来的发展中，日本政府将继续优化这一机制，以适应不断变化的社会环境和民众期待，实现更加和谐的央地财政关系。

（三）英国央地财政事权与支出责任划分

鉴于英国经济对国际贸易的高度依赖，频繁的人口流动与国际交往活动增加了公共卫生事件与恐怖袭击的风险。同时，作为一个多元文化国家，不同文化背景与宗教信仰的差异也可能触发社会冲突。为应对这些挑战，英国政府聚焦于强化中央层面的协调与部门间的协同合作，致力于革新紧急状态应对机制，整合应急资源，并实施了公共突发事件的分级处理模式，从而构建了贴合本国实际的政府应急管理体系。

英国的分级处理模式不仅强调资源整合与部门协调，更凸显了能力建设的重要性。为了加强应急管理体系的整合与协同工作，英国政府设定了一个全面整合的目标，该目标覆盖了“横向、纵向、理念、系统”这四个关键维度。基于这一目标，英国政府特别强调了能力建设的重要性，并由中央政府发起了应急管理能力建设项目。该项目确立了两大类共 18 项关键能力作为核心。第一类能力关注组织机构，包括中央、地区和地方政府的应急能力建设，共包含 3 个子项目；第二类能力则聚焦于功能层面，涉及现场清理、传染病防控、疏散避难以及化学、生物、放射性、核事故的应对等多个领域，总计 10 个子项目；第三类能力是关于关键服务的，包括交通、卫生、食品和水资源供应等 5 个子项目。每个子项目都由一个特定的中央政府部门负责管理，而国民紧急事务秘书处（CCS）则负责整体的协调工作。项目负责人会定期（每季度）举行会议，报告项目进度，确保所有能力建设措施得到妥善执行。

英国的“金、银、铜”三级应急处置模式在协同作业与平衡各机构利益方面独具特色。这一模式由不同层级的人员组成，各自承担明确的职责，并通过层级间的命令传递，构建了一个高效的应急处置体系。事件突发时，“铜级”处置人员作为先锋迅速抵达现场，指挥官即刻评估局势。若事件超出本部门处理能力，需跨部门协调时，则立即上报并启动银级处置预案；若事件波及范围广泛，则需进一步启动金级处置机制。这一三级机制确保了战略、战术及操作层面的指令均能得到切实执行，形成了分工清晰、协同顺畅的工作格局。

英国的应急管理遵循地方自治原则，地方政府承担主要责任，包括风险评估、应急规划及灾后恢复重建等。当地方政府面临难以独自应对的局面时，可向中央政府申请财政支持与援助。因此，在重大突发事件的处置及后续恢复重建工作中，地方政府始终占据主导地位，而中央政府则依据地方政府的申请提供必要的支持与帮助。值得注意的是，中央政府不对地方政府在常规应急事件中的费用支出和保险支出承担财政责任。各郡、市政府均设有专门的应急资金，并纳入年度财政预算。若资金不足，可向中央政府申请补充。然而，对于公共基础设施的恢复重建，中央财政将承担80%的费用，剩余20%则由地方财政负责。

（四）印度央地财政事权与支出责任划分

印度的灾难管理体系与美国、日本和英国有相似之处，主要由各邦政府负责具体的救灾管理工作，邦级相关部门在其中扮演核心角色。中央政府则负责制定总体的政策指导方针，并为各邦提供技术、财政及物资上的支持。在实际操作中，地区行政管理机构往往与中央及邦级的相关部门携手合作，共同推进各项救灾工作。若某邦的灾难应急基金无法满足自救需求时，可申请中央灾难应急基金的援助。中央政府设有专门机构来审核各邦的求助申请，并需经过由副总理领导的高级委员会进一步确认后，方可批准并实施援助。在财政事权与支出责任的划分上，印度也有着明确的规定。中央政府主要负责承担涉及国家安全和宏观经济稳定的重大支出，如国防开支和国债利息支付等。而各邦政府则更多地承担起公共服务领域的支出责任，涵盖教育、医疗、社会保障等诸多方面。此外，中央政府还通过转移支付、补助金等方式，对经济较为落后的地区进行财政支持，以促进区域平衡发展。尽管印度的财政事权与支出责任划分机制在一定程度上促进了国家的发展，但也面临着一些挑战。例如，地方政府的财政能力参差不齐，导致部分地区公共服务水平低下；中央政府与地方政府之间的协调机制尚不完善，有时会导致资源浪费或重复投资等问题。未来，印度需要进一步完善财政体制，加强中央与地方之间的沟通与合作，确保各级政府能够高效利用有限的财政资源。同时，还需要加大对经济欠发达地区的支持力度，推动区域均衡发展，实现全国范围内的共同繁荣。

在国际视角下，重大突发事件的应急救援和灾后重建职责通常由地方政府主导。只有在地方政府面临无法独立解决的难题时，中央政府才会介入提供援助。同样，应急管理的财政支出责任也主要由地方政府承担。当地方政府无法应对突发事件带来的紧急财政需求时，它们会向中央政府求助，而中央政府则承担起在地方财政能力不足时的最终保障责任。

三、应急资金储备制度完善，预防性财政资金需求得到满足

建立应急管理资金准备制度，旨在通过深入分析与审慎评估未来一段时期内可能发生的突发性公共危机所需的财政支出，提前规划并储备相应的财政资金。这一制度专注于为应对突发公共危机状态设计特殊的资金安排，其预算编制是每年进行（而非仅在突发事件发生时才着手准备），并逐年根据实际情况进行滚动调整，属于滚动式预算的一种，但超越了简单年度间连续性的范畴。当前，众多国家为了满足预防性财政资金的需求，确保在重大突发事件面前拥有充足的资金储备，已建立了相对完善的应急资金储备体系。如图 5 - 2 所示，这些体系不仅有效支持了重大突发事件预警系统的建立、基础设施的强化以及公共服务水平的提升等预防性财政投入，还为紧急应对突发事件及后续的恢复重

建工作提供了坚实的资金后盾。这一系列举措显著增强了公共领域的防御能力，最大限度地减轻了突发性公共事件带来的破坏与影响。

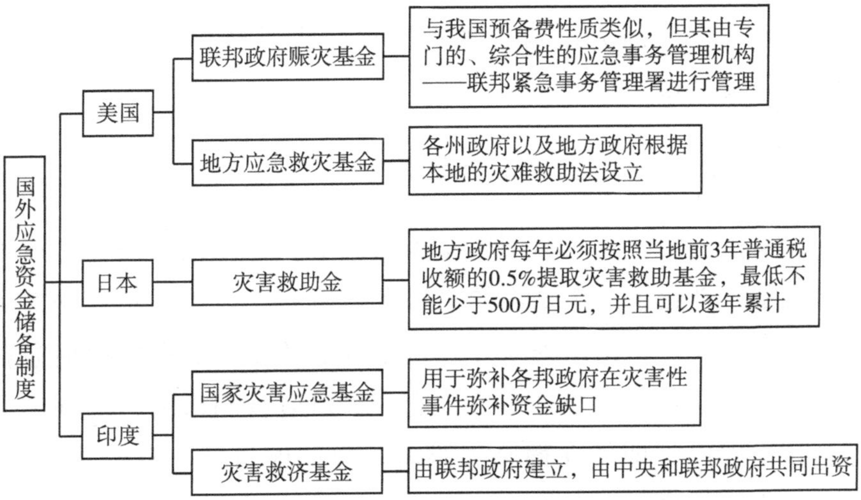

图 5－2　美国、日本、印度应急资金储备制度建设情况

（一）美国应急资金储备制度

依据《斯坦福减灾和紧急救助法案》的授权，美国设立了联邦政府赈灾基金，该基金的功能与我国预备费相类似。然而，与之不同的是，美国的联邦政府赈灾基金由联邦紧急事务管理署这一专业且综合的应急管理机构负责运营。该基金旨在灾害发生时，为州及地方政府提供必要的财政援助。赈灾基金的资金主要来源于国会的专项拨款，这些拨款通过法律形式确定，主要用于应对重大自然灾害、事故灾难等突发事件，为受灾地区提供紧急救援、灾后重建等支持。灾害发生后，通常由地方政府首先进行响应和初步救援。如果灾害规模较大，超过地方政府的应对能力，州政府会向联邦政府申请援助。州长会向总统提出重大灾害声明申请，一旦获得批准，联邦紧急事务管理署（FEMA）将动用赈灾基金向受灾地区提供必要的援助。赈灾基金支持的援助类型多样，包括公共援助（如基础设施重建）和个人援助（如临时住所、房屋修葺费用等）。除此之外，美国的各州政府以及地方政府也根据本地的灾难救助法设立了相关的应急救灾基金。

（二）日本应急资金储备制度

日本通过实施《灾害对策基本法》和建立三级财政应急成本分担机制，创建了一个全面的灾害管理体系。该体系不仅涵盖了灾害的全过程，从预防到恢复，还强调了各级政府在财政应急投入方面的重要角色。通过中央政府、都道府县和市町村之间的紧密合作，确保了即使在面临灾难时，也能够迅速、有效地应对。此外，定期的检查、实战演练和计划更新进一步增强了体系的实效性和适应性。这种分级制订的应急计划不仅体现了日本对灾害管理的深思熟虑，也展示了其在预防和应对灾害方面的先进理念。通过这种全方位、多层次的策略，日本显著提高了其灾害应对能力。

日本在财政应急资金管理上展现了全面而深入的策略，确保了从灾前预防到灾后重建的全过程得到充分的资金支持。通过设立专门的应急预算，日本各级政府能够在防灾科技研究和备灾建设等关键领域投入必要的资源，增强国家对灾害的防御能力。《灾害救助法》的实施为地方政府提供了明确的指导。地方政府需每年从其前三年普通税收中至少提取 0.5% 作为灾害救助金，且该提取额不得低于 500 万日元，这一金额将逐年累积。同时，地方政府还设立了复兴基金，该基金的资本金主要来源于正常年份的财政盈余、日常投资或贷款所得收益以及个人和居民的捐赠。基金运作过程中产生的收益，则作为事业金被留存下来。一旦灾害发生，地方政府可以利用这些资金迅速开展应急响应、救助灾民以及进行灾后重建等工作。为了支持地方政府的这些努力，中央政府会提供相应的税收优惠政策。如果灾害规模巨大，导致灾后重建所需的资金超出了防灾预算，根据日本的法律规定，各级政府都有权发行专门的灾后重建债券，同时，中央政府也会向地方政府提供多种形式的长期重建贷款。

（三）印度应急资金储备制度

印度同样拥有全面的应急资金储备体系。该国基于过去十年邦政府在灾害救助与恢复方面的支出情况，来确定灾害救助基金的规模，并据此制定了全国性的救灾基金五年预算计划。该计划详细规定了基金的分配与使用原则，确保了一个从中央至地方各级政府的协调合作框架。这一体系不仅强化了预防与准备工作，还特别突出了快速恢复与重建的关键性。首先，中央层面上，基于过去十年间各邦政府在灾害救助与恢复工作中的实际支出情况，制定了详尽的灾害救助基金规模标准，并据此规划出未来五年内全国范围内救灾基金的具体预算安排。此举旨在通过科学合理地预测未来可能发生的风险损失，提前做好充分的物质准备，从而有效减轻因突发性灾难事件给社会经济带来的冲击。其次，针对可能出现的资金短缺问题，特别设立了国家灾害应急基金作为补充手段。当某个联邦实体遭遇超出其自身承受能力范围之外的严重灾害时，可以向中央政府申请额外援助。这种由上至下的支援模式极大地增强了整个系统抵御外部威胁的能力，同时也体现了团结一致共克时艰的精神面貌。最后，在地方层面，各邦政府也被要求设立专门用于灾民紧急救援行动的灾害救济基金。这部分资金来源主要包括两部分：一是来自联邦政府按照一定比例提供的财政拨款；二是各邦根据自身财力状况自行筹集的部分。通常情况下，对于一般类型的紧急情况而言，中央政府将承担75%的费用分摊责任；而对于更为特殊或严重的案例，则会提高至90%。剩余部分则由相关地方政府负责解决。这样的分配方式既保证了公平合理又兼顾效率优先的原则。

（四）俄罗斯应急资金储备制度

自苏联解体后，俄罗斯在应对各种经济和社会突发事件的过程中，逐步建立和完善了应急资金储备制度。该制度的形成和发展经历了多个阶段，每一阶段都有其特定的背景和动因。在20世纪90年代初期，俄罗斯刚刚经历政治和经济体制的巨大变革，面对复杂的国内外环境，政府开始意识到建立应急资金储备的必要性。这一时期的应急资金主要用于应对金融危机和区域性自然灾害。当时的储备规模相对较小，且管理和使用机制尚未完善。进入21世纪，随着经济复苏和财政收入的增加，俄罗斯政府加大了对应急资金的投入。2008年全球金融危机爆发，暴露了现有应急资金储备的不足，促使俄罗斯进一步改革和完善该体系。在此阶段，俄罗斯制定了一系列法律法规，明确了应急资金储备的管理和使用程序，大幅提升了储备规模和灵活性。经过多年的发展和调整，俄罗斯的应急资金储备制度逐渐走向成熟。尤其是在近年来国际形势复杂多变、全球经济不确定性增加的背景下，俄罗斯更加重视应急资金的战略意义，不断优化管理机制和运作模式。目前，该制度已经成为俄罗斯应对突发事件、保障经济稳定的重要工具。在法律方面，《俄罗斯联邦预算法典》明确了应急资金的来源、储备方式和使用范围；《俄罗斯联邦紧急状态法》则为应急资金的启动和使用提供了法律依据；《俄罗斯联邦民法典》则从更广泛的角度规范了应急资金的管理和使用。此外，还有一些专项立法对该制度进行了补充和完善。在政策方面，俄罗斯政府出台了一系列文件和规划，指导应急资金储备的管理和运作。例如，《2030 年前俄罗斯联邦长期社会经济发展纲要》提出了建立和完善应急资金储备的战略方向；《关于加强应急管理体系建设的若干意见》则明确了应急管理体系的组织结构、职责分工和运行机制。这些政策文件为应急资金储备的有效运作提供了坚实的政策支持。

俄罗斯应急资金储备实行集中管理和分级负责相结合的机制。中央政府负责总体规划和协调，各级地方政府和相关部门则根据具体情况进行具体实施。在中央层面，财政部和紧急情况部是主要的管理部门，分别负责财务规划和应急响应。此外，还设立了专门的监督机构，负责对应急资金的使用情况进行监督和审计。应急资金储备的运作模式主要包括日常管理和应急响应两个方面。在日常管理中，政府会根据经济形势和财政预算状况，定期向应急资金账户注入资金，确保其规模保持在合理水平。当发生突发事件时，相关部门会迅速启动应急预案，按照既定程序申请和使用应急资金。在使用过程中，严格按照规定用途和程序操作，确保资金使用的高效性和透明度。

综上所述，国外一些国家在对未来可能发生的重大突发事件分析的基础上，对预防性财政资金进行了提前安排，使得预防性财政资金需求能够得到满足。并且日本建立了合理的应急资金储备制度，灾害救助金可以逐年累计，使得应急资金的储备更加充分，为紧急处置重大突发事件及事后恢复重建提供了足够的资金支持，能够对救援工作的开展以及经济社会恢复重建提供重要支撑。

四、多层次分担机制，财政支出压力减小

为了缓解重大突发事件带来的财务压力，许多国家采取了建立巨灾保险制度的做法。这些制度主要分为两种模式：政府主导型和公私合作型。无论采用哪种模式，政府都扮演着重要角色，从而构建了一个多层次的风险分担机制。通过这一机制，不仅能够有效减轻单一实体面对灾难时所承受的巨大财务负担，还能够促进社会资源更加合理地配置，提高整体抗风险能力。在政府主导模式下，国家通过立法形式确立巨灾保险体系的基本框架和运行规则，明确保险公司作为主要承保方的角色定位及其责任范围；同时设立专门机构负责监督指导整个系统的运作情况，并定期发布相关信息以增强透明度；此外还积极引导社会资本参与进来共同承担风险，比如引入再保险公司来分散原始保单持有人可能面临的巨额赔付压力；最后但同样重要的一点是，政府自身也会扮演最终担保人的角色，当市场机制失灵或者出现极端情况导致现有资源不足以覆盖全部损失时，将由公共财政提供必要的支持以确保社会稳定和谐发展。而在公私合营模式下，除了上述提到的政府层面所采取的各项措施外，更加强调私营部门在整个过程中发挥的作用。具体来说，就是鼓励更多具有专业能力的企业加入这一领域中来，利用它们丰富的经验和技术优势帮助设计出更符合市场需求的产品方案。

（一）美国财政分担机制

美国实行的是一种政府主导的巨灾保险体系，政府在其中承

担了部分再保险人的职责，建立了一个多层次的风险共担机制。这一巨灾保险制度不仅包括地震、洪水、飓风等自然灾害，还扩展到了战争、恐怖袭击等人为灾难。鉴于巨灾风险的高度不确定性以及可能带来的巨大损失，商业保险公司通常不愿意承担这些风险。因此，美国通过立法手段促进巨灾保险项目的发展。联邦政府和各州政府推出了包括国家洪水保险、联邦农作物保险以及人为巨灾保险在内的一系列巨灾保险计划，这些计划由商业保险公司负责具体执行。保险公司通过保单数量获得佣金，并根据保险收入进行赔付。如果赔付金额超过了保险收入，联邦政府将提供必要的财政补助，承担再保险人的角色，但不会额外收取保费。此外，参与这些保险计划的保险机构可以享受税收优惠和税前提取准备金等政策，而政府则向投保人提供保费补贴，并将参与巨灾保险计划作为享受其他优惠待遇的前提条件。

美国巨灾保险制度具备两大显著特点：（1）构建了多层级的风险分散体系。鉴于巨灾保险赔付金额往往极为庞大，为确保其支付能力，各类保险计划均采用了多层次的风险分担策略，以有效规避单一赔付金额过高可能带来的风险。除了保险市场外，美国的巨灾保险计划在必要时还能借助政府的财政支持进行融资，甚至通过保险产品证券化的手段来进一步分散风险。（2）政府积极参与并发挥关键作用。尽管美国的金融体系和资本市场已经相当成熟，但巨灾保险领域却存在“市场失灵”的现象，不能完全依赖市场运作，因此需要政府的介入。美国政府主要通过三种方式参与巨灾保险市场：一是通过强制参保要求，解决巨灾保险需求不足的问题；二是在巨灾保险项目初期，通过提供启动资金和融资渠道，增加项目信用评级，助力保险计划融资；三是提供政策支持，包括税收减免和财政补贴等，以促进巨灾保险市场的建立和发展，鉴于其公益性质，这些支持对于市场的形成和壮大至关重要。

除此之外，为应对疫情挑战，保险公司纷纷推出了多样化的保险产品。例如，纽约人寿保险公司推出了医疗护理保险，该保险覆盖了医疗保险未包括的服务项目，如居家护理和心理健康服务等，旨在疫情期间为公众提供健康支持，同时也为保险公司开辟了新的业务领域。在政策措施方面，美国保险业监管机构发布了“疫情保险行为准则”指南，为保险公司应对疫情提供了参考框架。这些措施旨在保护公众权益，确保保险公司在处理疫情相关理赔时能够秉持公平与合理的原则。此外，美国的保险公司还积极投身于抗击疫情的战斗中。在一次白宫召开的新冠疫情会议上，与会保险公司一致同意免除新冠检测费用，并将新冠肺炎疫情纳入所有保险计划的保障范围，展现了保险行业在应对公共卫生危机中的社会责任感与担当。

（二）日本财政分担机制

日本采用的是公私合作的巨灾保险体系，鉴于其频繁遭受地震、海啸、台风等自然灾害，该体系构建了三层保险架构。第一层是基于商业原则，由商业保险公司与投保人之间建立的保险关系。这意味着，一旦重大突发事件导致民众财产损失，保险公司会首先向投保人提供赔偿。第二层保险关系亦遵循商业原则，涉及再保险机构与保险公司之间的互动。鉴于保险公司在赔付过程中可能遭遇资金不足的风险，为保障其赔付能力，日本设立了再保险机构以分担并分散保险公司的风险，确保保险公司的稳定运营。第三层则体现了政策性与财政性的结合，是政府与再保险机构之间建立的保险关系。为支持再保险机构的运营与发展，日本政府提供了大量融资支持，确保这一巨灾保险体系能够持续运行。通过这种方式，日本有效地构建了一个多层次的巨灾保险机制，以应对自然灾害带来的财政挑战。

以日本的住宅地震保险制度为例，住宅所有者可以直接向各财产保险公司购买地震保险。一旦发生地震并导致住宅受损，保险公司将根据事先约定的条款进行赔付。因此，第一层保险关系是在保险购买者与财产保险公司之间，基于商业原则建立的。鉴于日本地震频发的地质特性，地震保险的赔付概率较高，理赔金额较大，这可能会对保险公司的偿付能力造成重大影响和严峻挑战。为了避免因偿付能力不足而引发的偿付风险，日本建立了相应的再保险和转再保险体系，以分散风险。因此，第二层保险关系是在保险公司与再保险机构之间建立的，主要基于商业关系。为了体现政策支持，日本政府对再保险机构提供融资支持，并在保险体系的所有储备耗尽后，承担剩余的超额清偿责任。因此，第三层保险关系是在再保险机构与政府之间建立的，主要基于政策性和财政性。

另外，日本人寿保险协会提出针对缴纳保费困难的投保人可以延长保费的缴纳期限，同时针对不在医院治疗的新冠肺炎疫情感染者给付住院给付金。并且政府发布指导意见，指导保险公司在处理疫情相关的保险理赔时应遵循的原则和标准；规定保险公司在疫情期间不得拒绝理赔、不得提高保险费等业务规范，确保保险公司在处理疫情相关的保险理赔时公平合理；会对保险公司进行检查，以确保保险公司在处理疫情相关的保险理赔时符合政府的规定和指导意见。

（三）法国财政分担机制

法国实施的是一种政府主导下的巨灾保险模式，这一体系不仅体现了国家对公民福祉的高度关注，也彰显了社会风险管理的智慧与创新。1982 年，《法国自然灾害保险补偿体系》法案的通过标志着该国正式确立了一套独特而高效的灾害应对机制。根据该文件规定，在尊重个人选择的基础上构建起由保险公司承担初步损失、政府作为最终保障人的多层次风险分担架构。这种设计既保证了市场机制的有效运作，又确保了公共安全网的牢固可靠。在法国，巨灾保险覆盖范围极其广泛，几乎触及了人们生活的每个角落：从温馨的家庭住宅到高耸入云的商业大厦；从田间生长的农作物到穿梭于城市间的各式车辆；甚至包括那些看似微不足道却不可或缺的日常用品——这一切都被纳入了保险范围之内。如此全面的保障体系，无疑为民众提供了强有力的心理安慰和物质支持。与此同时，商业性保险公司在此过程中扮演着至关重要的角色。它们首先承接来自普通消费者的投保需求，然后通过与中央再保险公司签订协议的方式将部分或全部潜在赔付责任转移出去。这一系列复杂但有序的操作流程背后，离不开一个强大且稳定的平台——即由中央政府直接控制并运营的中央再保险公司。正是由于其存在，才使得整个系统能够在面对灾难时迅速响应、有效分配资源，并最终实现损失最小化的目标。

综上，法国之所以能够建立起这样一个兼具灵活性与稳定性的巨灾保险制度，关键在于成功地平衡了私人部门的积极性与公共服务的责任担当。一方面，鼓励企业积极参与市场竞争，激发创新活力；另一方面，则依靠强大的国家力量提供必要的支持与引导，确保所有参与者都能在公平合理的环境下开展业务。因此可以说，正是这种政府主导与市场调节相结合的独特模式，成就了今天法国在全球范围内享有盛誉的灾害防控体系。

（四）俄罗斯财政分担机制

在俄罗斯，财政分担机制主要体现在预算联邦制的框架下，通过一系列法律法规和政策文件对各级政府的收支范围、权限和责任作出明确规定。在苏联时期，全国实行高度集中的计划经济体制，财政资源由中央政府统一调配，地方政府的财政自主权极为有限。这一体制下，苏联国家的财政预算主要依靠中央的计划委员会进行编制和执行，各加盟共和国和地方政府的财政预算需严格执行中央下达的指标。尽管这种体制在一定程度上实现了财政资源的统一调配，但也存在效率低下、地方需求难以满足等问题。随着苏联的解体，俄罗斯开始迈向市场经济，并将财政体制改革作为经济改革的关键部分。1991 年，俄罗斯颁布了《俄联邦预算法典（第一部分）》，这标志着预算联邦制法律框架的初步建立。1993 年，《俄联邦宪法》进一步界定了联邦政府与各联邦主体之间的权力分配，为财政分权提供了坚实的法律基础。在这一时期，俄罗斯不断探索财政改革，逐步构建起一个符合市场经济需求的分级财政管理体系。进入 21 世纪，特别是加入金砖国家（BRICS）合作机制后，俄罗斯在世界经济格局中的地位稳步上升，同时也遭遇了更为错综复杂的国内外经济挑战。自 2014 年起，西方对俄罗斯实施的经济制裁给其经济带来了沉重的压力。为应对这一挑战，俄罗斯加快了财政战略调整步伐，通过优化财政支出结构、加强税收征管、深化预算制度改革等措施，提高财政体系的抗风险能力。在这一过程中，金砖国家的合作和支持为俄罗斯提供了重要的外部资源和政策协调平台。

俄罗斯预算联邦制是一种在多级政府体系中分享财政收入和支出责任的制度安排。其核心理念是通过在中央与地方政府之间合理分配财权和事权，以提高资源配置效率和公共服务质量。具体而言，预算联邦制要求明确界定各级政府的收支范围，确保各级政府具备履行其职能所需的财政资源，并通过有效的监管和协调机制，实现宏观经济的稳定和可持续发展。它具有以下几个显著特点：①高度集权与地方自治的结合。虽然俄罗斯实行的是联邦制政体，但其财政体制仍保留了相当程度的中央集权特征。②明确的分级管理。俄罗斯将政府分为联邦、联邦主体（如共和国、州、边疆区等）、地区和市政四级，每一级政府都有相对独立的预算体系。联邦政府负责制定总体财政政策和预算规则，地方政府则在此基础上编制和执行本级预算。③转移支付制度。为了缓解地区间财政不平衡问题，俄罗斯建立了较为完善的转移支付制度。中央财政通过无条件拨款、专项拨款和共享税收分成等形式，向地方政府提供资金支持。特别是对于经济欠发达的联邦主体，转移支付在其财政收入中占有重要地位。④法治化管理。俄罗斯的预算联邦制有着严格的法律保障，《俄联邦预算法典》和《俄联邦税法典》等法律法规详细规定了各级政府的财政权利和责任，以及财政关系的调整机制。这有助于减少因责任不清而导致的扯皮现象，提高财政管理的效率。

综上所述，众多国外国家已经采纳了巨灾保险制度，以此作为缓解重大突发事件给财政带来支出压力的一种手段。巨灾保险能够在突发事件发生后迅速进行赔付，有效弥补因灾害造成的损失，从而减轻财政负担，增强政府财政预算的稳定性。这一制度在应对重大突发事件中起到了至关重要的作用，为政府提供了及时且有效的财政支持。

五、监督与评价制度严格，应急资源使用公开透明

在应对重大突发事件的过程中，充足的应急管理财政资金是不可或缺的支撑。这些资金广泛来源于各级政府、相关部门、

企业机构、社会团体及个人等多个层面，并贯穿于应急管理的预防、响应及事后恢复重建等各个阶段。然而，受多种因素影响，资金在使用过程中可能会遭遇挪用、贪腐或低效使用等问题。鉴于此，全球众多国家采取了多样化、多层次且全面的监督与管理措施来规范应急管理财政资金的投入。同时，部分国家还实施了针对应急管理财政资金的绩效评价工作，旨在确保这些资金能够安全、高效地用于应急管理事业。为了确保应急管理财政资金的安全与高效运用，各国纷纷采取了一系列措施。首先，建立健全法律法规体系是基础。通过制定明确的法律条文来规范资金的申请、审批、拨付及使用流程，确保每一笔款项都能有据可依、有章可循。其次，加强内部控制机制建设至关重要。政府部门需设立专门的财务管理部门或岗位，负责日常账务处理的同时加大对资金流向的监控力度，防止任何形式的违规操作发生。再次，引入第三方独立审计机构进行定期检查也是不可或缺的一环。借助外部力量可以更加客观公正地评估项目执行情况，及时发现并纠正存在的问题。此外，提高透明度亦是关键所在。公开相关信息如预算安排、实际支出明细等内容，接受社会各界尤其是媒体和公众的广泛监督，有助于形成良好的舆论氛围，促进廉洁从政。最后，同样重要的是开展绩效评价工作。通过对已完成项目的回顾分析，总结经验教训，为未来类似活动提供参考依据，同时也能激励相关人员不断改进工作方法，提升整体效率水平。

（一）美国应急资金监督与评价制度

美国通过司法监督、议会监督和审计监督等多种方式，对应急资金执行了严格的审查程序（见表 5－1）。首先，司法监督涉及美国司法部门对突发公共事件应急资金的监管和审查。通常情况下，司法部门仅在收到投诉或起诉后才会介入调查。在日常情况下，审计职能机构负责监管应急管理资金的使用。其次，议会监督是指议会利用质询权、调查权、不信任表决权以及弹劾权等手段，对突发公共事件应急资金进行监管。这种监督机制的目的是防止应急管理资金在使用过程中发生滥用和腐败，确保资金的安全和高效利用。最后，审计监督是由联邦会计总署对应急管理资金进行的审查和监督。联邦会计总署有权对联邦应急管理局及其下属机构在防灾、救灾和灾后恢复重建各阶段的应急资金进行审计。其审计结果具有法律约束力，确保资金真正用于受灾地区的恢复和重建工作。

表 5-1　　美国应急资金监督形式、内容及程序

监督形式	监督内容	监督程序
司法监督	美国司法部门对重大突发事件应急资金进行监管和审查	（1）司法部门接到投诉或起诉； （2）司法部门介入调查； （3）审计职能机构对应急资金进行监管
议会监督	议会对重大突发事件应急资金实施监管	议会通过质询权、调查权、不信任表决权以及弹劾权等形式对应急资金进行监管
审计监督	联邦会计总署对应急管理资金实施审查和监督	（1）联邦会计总署对联邦应急管理局及下属办事处对防灾环节的应急资金进行审计； （2）联邦会计总署对联邦应急管理局及下属办事处对救灾环节的应急资金进行审计； （3）联邦会计总署对联邦应急管理局及下属办事处对恢复重建环节的应急资金进行审计

资料来源：王敏．应急管理财政政策的国际经验及启示［J］．财政科学，2020（04）：55-61。

（二）印度应急资金监督与评价制度

印度制定了十分详细的财政监督措施，使大众对各邦的救灾情况进行监督。印度政府通过中央和地方各级机构对救灾情况进行全面监督。中央层面，如印度内政部、国家灾害管理局（NDMA）等机构负责协调和监督全国的救灾工作。地方层面，各邦政府设有专门的灾害管理部门或机构，负责具体实施和监督本邦的救灾行动。印度政府强制要求各级应急管理机构详尽地编制救灾资金支出和物资质量情况的报告，并将这些报告提交给本地区的地方代表。此外，这些报告还必须在本地区政府办公室公开张贴，以接受政府的监督。这一措施旨在确保救灾资金的专款专用，并确保物资能够及时、准确地分配至受灾地区，满足受灾民众的基本需求。同时，编制完成的报告还需逐级上报至各上级政府。上级政府在汇总这些清单后，会将其张榜公示于大众，并通过官方渠道及时发布救灾工作的进展、资金使用情况、物资分配情况等信息。这种做法旨在接受社会的广泛监督，提高整个救灾过程的透明度。

（三）日本应急资金监督与评价制度

在面对自然灾害和突发事件时，一个国家的应急响应能力和资金管理效率至关重要。日本，作为地震、海啸等自然灾害频发的国家，其应急资金监督与评价制度尤为值得研究。日本地处环太平洋火山带，自然灾害频发，因此建立了一套完善的应急管理体系。其中，应急资金的监督与评价是确保资金有效使用、提高应急响应能力的关键。本书将从制度设计、执行流程和效果评估三个方面，对日本的应急资金监督与评价制度进行详细阐述。制度设计方面，日本的应急资金监督与评价制度建立在严格的法律框架之上。《灾害对策基本法》等法律法规为应急资金的使用提供了明确的指导原则和操作规范。此外，日本政府还设立了专门的应急管理部门，负责统筹协调全国的应急资金分配和使用。执行流程方面，在应急资金的分配过程中，日本政府遵循公开透明的原则。首先，根据灾害规模和影响程度，确定资金需求；其次，通过专家评审和公众咨询，制订详细的资金使用计划；最后，按照计划进行资金拨付，并对使用情况进行实时监控。这一系列流程确保了应急资金能够迅速、准确地到达需要的地方。效果评估方面，为了确保应急资金的有效使用，日本政府建立了一套科学的评价体系。这一体系包括事前评估、事中监控和事后审计三个环节。事前评估主要针对资金使用的合理性和可行性进行分析；事中监控则是对资金使用过程进行实时跟踪，确保资金按计划使用；事后审计则是对资金使用效果进行全面评估，总结经验教训，为未来的应急管理提供参考。

（四）俄罗斯应急资金监督与评价制度

俄罗斯作为一个面积广阔且地理环境复杂的国家，长期致力于构建完善的应急管理体系，以应对各种潜在的突发事件。独立以来，俄罗斯逐步形成了具有自身特色的应急管理模式，建立了包括决策机制、预警机制、储备机制等在内的一系列制度安排。俄罗斯应急资金监督与评价制度的形成有其历史必然性。苏联时期的应急管理系统主要针对大规模战争和核威胁设计，但随着冷战结束，原有的民防系统逐渐暴露出诸多不足。1986 年的切尔诺贝利核事故和 1988 年的亚美尼亚大地震促使苏联政府重新审视应急管理体系，推动了对应急管理系统的改革。苏联解体后，俄罗斯面临新的安全环境和挑战，社会冲突、恐怖袭击、自然灾害等问题日益突出，这进一步加速了应急管理体系的转型和调整。

为了确保应急资金的使用高效透明，建立了多层次的监督机制。立法机构、行政部门和监察机构共同参与应急资金的监督。联邦安全会议和总统可以直接干预和监督资金使用情况，确保其符合规定。应急资金的评价机制包括事前评估和事后审计两部分。事前评估主要针对资金预算和使用计划进行审查，确保合理性和可行性。事后审计则对实际使用情况进行核查，评估资金的使用效果和存在的问题。

此外，为了确保财政资金的公正性和高效利用，英国、加拿大、澳大利亚等国家采用了成本效益分析和投入产出比等方法，对应急财政资金进行绩效评价。这一做法显著提升了财政资金监管与评价的力度。

综上所述，国外在应急资金监督方面积累了丰富的经验。他们不仅实施了全方位、多层次的监督，还建立了严格且高效的资金使用绩效评价制度。应急资金对于确保重大突发事件救援工作的顺利进行至关重要。然而，由于其使用涉及多个部门，并且流程设计相对复杂，低效现象在所难免。因此，建立严格的财政监督机制和绩效评价制度，是确保资金合理使用的最有效手段。

第六章
完善我国重大突发事件的财政多维应急机制

一、建立健全财政日常运行机制，推进国家治理科学化

二、完善财政预警防范机制，推进国家治理系统化

三、强化财政应急处置机制，推进国家治理规范化

四、健全财政恢复重建机制，推进国家治理协调化

五、改进财政监督评估机制，推进国家治理高效化

六、纳入地方政府财政预算，推进国家基层治理现代化

突发公共事件，其本质特征在于显著的负外部性，这一特性使得现代化的公共治理成为应对与处置此类事件的必然选择。财政政策作为突发公共事件应急管理体系的基石，扮演着调配社会资源与力量、组织人员救治与援助以及恢复经济社会秩序等关键角色。政策间的协同性，作为推动国家治理体系和治理能力现代化的关键要素，对于增强国家应对突发公共事件的整体能力至关重要。面对如新冠疫情这类规模巨大、影响深远的全球性公共卫生危机，防控工作不仅需要全国范围内的总动员，还需要从中央到地方、财政部门与其他各部门之间实现多层次、多部门的紧密协作与协同，形成强大的合力效应。这种协同共振合作，要求各级政府和相关部门在政策制定与执行上保持高度一致，形成合力；在资源配置与调度上实现优化整合，提高效能；在信息共享与沟通上加强互联互通，确保透明；在应急响应与处置上迅速果断，减少损失。

具体而言，财政政策应发挥其宏观调控的职能，通过税收优惠、财政补贴、专项基金等手段，为疫情防控提供坚实的经济保障；同时，还需与其他政策工具如货币政策、产业政策等相互配合，共同构建起一个多元、立体、高效的应急管理体系。此外，还应注重政策的前瞻性和灵活性，根据疫情发展的实际情况及时调整和完善相关政策，确保政策效果的最大化。

一、建立健全财政日常运行机制，推进国家治理科学化

（一）建立完备的应急法律体系

国家治理现代化的核心在于法治化，缺乏法治基础的国家无法称之为治理现代化的国家。财政应急法律制度作为财政法律体系中的关键一环，是应对重大突发事件时不可或缺的基本规范，其完善程度直接关系到国家、社会及公民个人的人身与财产安全。为此，我们应当借鉴美国、日本等国的先进经验，加速推进并不断完善我国在财政应急管理方面的法律法规体系。这不仅要求在《宪法》层面对财政应急管理制度进行原则性规范，还需在相关专业法律中对其进行细化与补充，以构建一个全面、严谨的财政应急法律框架。

《宪法》作为我国法律的根本大法，其权威性独一无二。而应急管理作为日益重要的政府职能，管理的好坏直接影响到我国人民的根本利益。因此，《宪法》应当确立财政应急法律的基本原则与基本制度框架。首先，明确在重大突发事件中，公民享有获得国家与社会援助的权利，同时政府负有向公民提供此类公共服务的义务，从而在宪法层面为公民权益提供坚实保障。其次，《宪法》需规定应急预算为政府预算不可或缺的组成部分，并清晰界定中央与地方财政在应对不同等级重大突发事件时的财政责任分担机制，确保财政部门在应对危机时能够有序、稳定地运作。最后，应明确规定全国人民代表大会及其常务委员会需建立和完善财政应急工作的监督机制，以保障财政应急监督工作的规

范性和有效性。

财政应急相关法律应对财政救灾实施细则进行完善。第一，亟须制定一部统一的《中华人民共和国紧急状态法》，作为应急法律体系的统领性法规，打破当前各应急法律间各自为政的局面。值得注意的是，2021 年 12 月 20 日，《中华人民共和国突发事件应对管理法（草案）》已提交至十三届全国人大常委会第三十二次会议审议，并于2024 年6 月28 日由第十四届全国人民代表大会常务委员会第十次会议修订通过，更名为《中华人民共和国突发事件应对法》，自 2024 年 11 月 1 日起正式施行。该法通过调整结构、增加条文内容，从领导体制、信息管理、应急保障、能力建设、社会力量参与及权益保障等多个维度强化了突发事件应对的法律框架。第二，应对《预算法》进行适时修订，并配套实施国务院发布的《中华人民共和国预算法实施条例》（自 2020 年 10 月 1 日起生效），具体明确在重大突发事件发生时中央与地方财政的权责划分、财政预算的执行调整及监督机制，确保财政应急操作有明确的法律依据。第三，推动地方层面重大突发事件相关法规的制定，详细规定地方应急处置的程序与职责，并根据实际情况灵活调整地方应急预案，提升其针对性和实效性。特别是在应急资金管理方面，应出台专门的应急管理资金使用管理办法，全面覆盖应急资金的种类、申请流程、使用部门、筹资渠道、分配原则、使用规划、绩效评估及监督检查等关键环节，确保财政应急管理工作能够依据明确、系统的规则高效运行。

除此之外，为了稳妥处理突发事件应对和紧急状态的关系，做好制度之间的有效衔接。2024 年 6 月 28 日修订后的《中华人民共和国突发事件应对法》对 2004 年宪法修正案关于紧急状态规定的制度内涵作出重要发展完善的同时，在附则部分，应与宪法中关于紧急状态制度的规定相衔接，明确指出："当发生特别重大突发事件，该类事件对人民生命财产安全、国家安全、公共安全、生态环境安全或社会秩序构成极其严重的威胁，且通过实施本法及其他相关法律法规、规章所规定的应急处置措施仍无法消除或有效控制、减轻其造成的社会危害时，需进入紧急状态。此时，由全国人民代表大会常务委员会或国务院依据宪法及其他相关法律规定的权限和程序作出决定。在紧急状态期间所采取的非常措施，应按照相关法律的规定执行，或由全国人民代表大会常务委员会另行制定专门规定。"

（二）完善预备费管理模式

预备费作为应急资金的核心来源，其管理机制亟须进一步完善。这包括调整预备费的计提比例以及优化其结转方式，以确保在重大突发事件发生时，财政能够迅速调配到足够的资金进行应对。完善我国预备费要考虑到以下五点。

第一，为了增强应对突发事件的能力，预备费比率的提升及专项基金的增设显得尤为关键。依据我国《预算法》的规定，各级政府预算需按本级预算支出额的1%—3%设立预备费。然而，近年来实际情况显示，这一提取比率偏低，难以充分满足当前的迫切需求。鉴于此，财政部门应深入分析近年来突发事件的实际资金需求，进行科学预测与评估，并据此适度调整预备费比率的范围，建议将其设定在2%—5%，以确保财政在面对突发事件时拥有更为充足的应急资金。

第二，预备费，作为财政管理中的重要一环，其运作模式与效率直接关系到公共资源的合理配置与应急响应的及时性。传统上，预备费遵循"当年设置，当年用完"的原则，这一做法虽简便易行，却暗含诸多弊端。首先，它可能导致财力的无谓消耗，在未遭遇突发状况时，硬性支出预备费，无异于将宝贵资金投入虚无；其次，此模式未能实现预备费设立的初衷——即为不可预见的紧急情况预留财务缓冲，反而可能因资金的即时消耗而削弱了应对突发事件的财政准备；最后，年复一年的重复提取与消耗，使得预备费难以形成有效积累，无法在真正需要时提供充足支持。鉴于上述问题，改革预备费的管理机制，实行基金式管理模式显得尤为迫切与必要。基金式管理意味着每年足额提取预备费，而非仅限于当年的预算框架内使用。此举能够确保预备费的稳定性与连续性，为未来可能发生的紧急事件构建起一道坚实的财务防线。具体而言，通过将当年未使用的预备费自动结转至下一年度，不仅避免了资金的闲置浪费，还促进了预备基金的逐年累积与壮大。这种滚存机制的设计，旨在实现几个核心目标：一是提高财政资金的使用效率，确保每一分钱都能发挥其最大效用；二是增强政府应对突发事件的财务灵活性与自主权，确保在危机时刻有足够的财力进行快速反应；三是促进财政管理的长期规划与战略储备意识，鼓励政府部门更加审慎地考虑预备费的设置与使用。

第三，拓宽预备费基金的来源。各级政府财政的预备费除按本级支出额的一定比率设置外，对每年的预算超收收入和财政盈余建议按一定比例增加预备费基金。预备费总体规模取决于当年预算总额以及适用的计提比例。从近些年使用情况上来看，除非当年发生重大突发事件导致预备费按照3%计提还出现金额不足的情况，其余年份预备费使用效率极低。因此，单论预备费的总体规模意义不大，例如：汶川大地震、南方雪灾、抗洪救灾、新冠疫情等影响多省份甚至是全国的重大突发事件发生后，单靠预备费作为应急资金保障远远不能满足要求，中央应通过调整其他经费的方式来解决这些事件，地方政府大多也参照执行。

第四，调节预算稳定调节基金规模。鉴于我国各地区预算稳定调节基金规模差异显著的现状，为更有效地预防和应对潜在的突发公共事件，当前预算稳定调节基金的制度模式亟须调整，以确保其资金规模维持相对稳定状态。作为基础性文件的《预算稳定调节基金管理暂行办法》虽已存在，却未设定各级政府预算稳定调节基金的最低限额，而仅在《国务院办公厅关于进一步做好盘活财政存量资金工作的通知》（国办发〔2014〕70号）中规定了预算稳定调节基金占比的上限，即不得超过当年本级政府财政一般公共预算支出总额（含对下级转移支付）的5%。鉴于此，中央政府有必要制定预算稳定调节基金占一般公共预算支出的最低比例标准，通过设定这一底线，引导各级政府将基金规模控制在合理区间内，从而提升财政的稳定性和应急响应能力。如美国各州预算稳定基金（BSF）规模（预算稳定基金/一般性基金支出）可分为三档，较低为2%—4%，中等为4%—7%，较高为7%—12%，此种情形下，美国有三分之二的州对BSF余额作出了限制。所以，我国可以对各级政府的预算稳定调节基金的规模确定一个适当的范围标准（如不得低于当年本级政府财政一般公共预算支出总额的3%），以《国务院办公厅关于进一步做好盘活财政存量资金工作的通知》所规定的5%为上限额度，并合理确定最低余额比例限制，以此将各级政府的预算稳定调节基金控制在一个相对稳定的范围之内。这样做的好处就在于，可以防止预算稳定调节基金过多，进而造成财政资金的浪费。对于超过上限额度的财政资金，可以根据实际的需求进行分配，确保财政资金使用的高效性。与此同时，设置最低比例限额的要求，有利于保障预算稳定调节基金有相对稳定的收入来源，充分发挥其作为储备基金的预防作用。当重大突发事件发生时，也能够尽可能保证相关资金的快速投入与使用，对于处理不可预见的事件具有重要的意义。

第五，建立应对跨地区、跨国家突发事件的中央专项预备费制度。在全球化的今天，中国作为世界舞台上负责任的大国，其国际地位与话语权日益提升。面对新冠疫情这类重大公共卫生事件，它不仅对我国应急管理治理体系构成了严峻挑战，也在全球范围内产生了深远影响。因此，建立应对跨地区、跨国家突发事件的中央专项预备费制度显得尤为重要。首先，这一制度的建立将有助于增强我国在国际社会中的形象与影响力。通过积极参与全球应急事件的财政支持与管理，展示中国作为一个负责任大国的担当与能力。其次，它能够促进国际合作与交流，加强与其他国家在应急管理领域的沟通与协作，共同构建更加紧密的国际伙伴关系网络。再次，中央专项预备费制度将为我国提供更为灵活高效的财政资源调配机制，确保在面对突发公共卫生事件时能够迅速响应、有效应对。最后，该制度的实施还将推动我国现代化视角下的财政应急管理工作与国际接轨，借鉴国际先进经验，不断提升自身的管理水平与效率。

（三）加强财政部门与其他部门的双向沟通

正确构建现代化财政应急管理机制，主导部门主要是财政部门与应急管理部门。但是，仅靠这两个部门去实现机制的建立是不可能的，还需要如公安部门、国家安全部门、消防部门、卫健部门、办公部门、统战部门的多个部门的协调配合。重大突发事件因其复杂性，往往触发连锁反应，要求各部门间必须紧密沟通、协同作战。尽管我国部门间的沟通协作机制已有初步框架并不断完善，但财政部门与其他关键部门间的有效沟通仍显不足。2018 年，中国应急管理部的成立标志着国家应急管理体系的重大进步，该部门不仅负责编制国家应急总体预案，还指导地方有效应对重大突发事件，显著提升了应急管理的效率。相应地，财政系统内也应设立专门的应急管理常设机构，负责日常的应急管理工作。这一机构需与疫情预测等应急管理机构以及上下级财政部门保持密切沟通，构建跨部门的信息共享与协调机制，确保各部门间的资料互通有无，共同进行分析与评估。只有当各部门间信息畅通、资源共享时，我们才能有效整合各方资源，构建一个全面的财政韧性信息网络，为财政应急管理工作提供精准服务。这将使得财政投入更加精确，应急管理的统筹能力持续增强，危机化解更为顺畅，从而确保救援工作顺利进行，并提升财政应急资源的使用效率。

除此之外，还要构建地方政府之间横向协调机制。首先，完善地方政府之间对口支援的法律法规。目前地方政府之间的对口支援主要依赖中央政府的协调与规划，存在不确定性。各个地方政府毕竟是相对独立的个体，就需要对横向提供支援的地方政府予以一定的经济补偿。可以通过下一年度中央政府的转移支付加强对支援方的补偿等方式，建立对横向对口支援激励机制。其次，构建区域性的公共卫生事件应急财政保障机制。在新冠疫情防控中，一个省份出现了传染性公共卫生事件，相邻省份也会受到影响。所以在突发公共卫生事件应急管理中要充分发挥现有经济区域的协作职能。目前关于跨区域合作在国家层面的法律法规仍是空白，虽然地方出台了一些如《珠江三角洲地区应急管理合作协议》等文件，但这与区域性突发公共卫生应急管理机制尚存差距，造成跨区域公共卫生事件应急管理合作出现无法可依等情况。

二、完善财政预警防范机制，推进国家治理系统化

（一）明确范围与目标

鉴于当前科技水平尚无法完全预防公共危机的发生，构建高效的危机预警机制成为减轻损失的关键所在。重大突发事件种类繁多，从地震、海啸、干旱、洪涝等自然灾害，到流感、乙肝、肺炎等传染病防控，每种类型均需采取针对性的应对措施。预警机制，作为在公共危机爆发前实施的监测、评估、预报及预设应对流程的系统，旨在确保突发事件发生时能迅速调配充足的财力资源予以应对。该机制的核心要素包括：各级财政部门需强化危机意识与忧患思维，积极推广公共危机相关知识，定期组织知识更新培训，确保知识体系与时俱进。

同时，各级财政部门应清晰界定自身的预警范围与级别。这要求各级财政依据本地实际遭遇的突发事件情况，科学设定监控的时间跨度、地理范围及警戒级别，以实现预警的及时性与准确性。

构建全面性的财政危机管理体系是当务之急，该体系应涵盖财政法律制度、组织架构及风险预警三大支柱。财政法律制度作为非常时期财政方案制定的法律基石，能够显著缩短危机应对中相关法律修订的时间成本；组织架构则为财政危机应对提供了专业知识与操作流程的坚实支撑；而风险预警系统则负责评估各类突发事件对财政经济状况的影响，依据预设标准对财政运行态势发出预警信号，确保及时采取应对措施。

（二）强化财政部门风险评估与预警能力

2024年6月28日，新修订的《中华人民共和国突发事件应对法》完善了突发事件应对处置。一是建立健全突发事件监测制度。对可能发生的突发事件进行监测，通过多种途径收集突发事件信息，对突发事件隐患和监测信息及时汇总、分析、评估、报告。二是建立健全突发事件预警制度。明确发布警报应当明确的内容以及宣布进入预警期后人民政府可以采取的措施；建立健全预警发布平台和预警信息快速发布通道，特别要求公共场所和其他人员密集场所要确保突发事件预警信息及时、准确接收和传播。三是建立健全突发事件应急响应制度。在规定突发事件应急响应级别划分标准由国务院或者国务院确定的部门制定的基础上，增加规定县级以上人民政府及其有关部门应当在突发事件应急预案中确定应急响应级别，给予地方一定自主权；明确人民政府可以采取的应急处置措施。四是完善事后恢复与重建的相关规定。在突发事件的威胁和危害得到控制或者消除后，在原法规定停止执行相关应急处置措施的基础上，增加规定人民政府应当宣布解除应急响应的程序。对受突发事件影响地区的人民政府组织协调尽快恢复秩序、开展恢复重建的各类措施作出具体规定。

财政部门需基于整合的信息资源，针对未来可能发生的重大突发事件开展风险评估，并制定相应的预案。首先，财政部门需全面分析重大突发事件的发生级别、频率、地点、危害程度及相应的财政支出，采用两种风险评估方法：一是利用各级财政部门收集的重大突发事件财政支出数据，运用统计学中的趋势分析法进行预测；二是依据预测部门提供的特定灾害信息，构建模型，以精确计算某地区遭遇突发事件时所需的应急资金规模。其次，完成风险评估后，财政部门需为各类重大突发事件制定详尽的财政预案。这些预案将基于深入分析的信息，针对不同类型的突发事件，设计具体的财政救助措施，确保在突发事件来临前，各项应急准备工作已妥善到位，从而有效应对挑战。

（三）信息共享

突发重大公共风险事件的核心问题是更为严重的信息不对称。财政部门之间的沟通频率与顺畅程度影响着财政应急信息共享能力。由于订立事前完全契约的困难，监督控制就成为必要的治理手段。但传统的审计抽样等监督方式因抽样误差等原因，只能相对地降低信息不对称，且因人工监控还存在很强的滞后性，很难适应突发性公共风险事件处置的时效性要求，尤其是在新冠肺炎疫情这样的传染性风险下，也不适于采取现场面对面的人工监控方式。随着新技术的不断普及，各种信息化手段已渗透到各领域，财政应急管理与信息共享相结合可提高对突发重大公共危机事件的反应速度，提升财政应急治理效能，从而构建完善的财政应急治理机制。大数据信息技术能跨时空阻碍有效克服信息不对称，因此运用大数据技术应对突发重大公共风险事件就显得更具优势和尤为必要。在信息化能提高信息处理效率的基础上，大数据技术更有与传统信息理念不同的“要整体不要抽样、要相关关系不要因果关系、要效率不要精确”的信息收集、整理和加工理念。基于贝叶斯相关性原理出发的数据收集理念能有效适用突发重大公共风险事件的不确定性。由于不确定性，很难按因果关系逻辑来收集突发重大公共风险事件的信息，而只能从相关性来收集信息。事实上，新冠肺炎疫情初期相关医务工作者的疫情预警，就是相关性预测，毕竟当时对新冠病毒的科学认识还几乎是空白。“要整体不要抽样”“要效率不要精确”的理念也正好适用于突发重大公共风险事件处置中对信息及时性的要求。

党的十八届三中全会以来一直将建立公开透明的现代预算体系作为现代财税体制建设的重要内容。信息公开是最好的监督形式，是绩效预算体系建设的必要条件。只有通过全方位的信息公开，才能构建起政府和社会间顺畅的信息传递机制，社会才有可能全面获得政府公共服务的绩效信息，也才可能通过对政府公共服务的绩效反馈来实现国家治理的激励相容。政府公共行政体系内广泛存在“信息孤岛”现象，各部门对信息垄断的实质是权力垄断和官僚主义，并将权力垄断演变为寻租空间，这本身就是信息不对称下的激励不相容和道德风险问题。强化信息公开，即克服信息不对称、激励不相容和道德风险治理变革。而突发重大公共风险事件尤其需要信息的及时传递，更需要全面公开的信息渠道。因此必须加强必要的应急财政管理的信息公开。而区块链等去中心化的大数据技术理念，恰好能有效避免信息官僚主义，财政监管尤其是应对重大不确定性风险的财政监管体系建设可以充分运用区块链技术和理念，快速高效地获取风险预警和风险防控的完备信息。

建立全面完整的应急治理信息共享网络。资金方面，相关部门可以常态化配套部分财政资金用于应急治理信息共享网络平台建设，补足人力物力财力；技术方面，充分利用互联网、云计算、人工智能和大数据分析等科技手段，逐步建设起全面、综合、权威、动态的应急治理信息共享数据库，破除“信息孤岛”；内容方面，既包含向社会公众及时公布突发风险事件的预防预警、应对处理、恢复善后等情况的部分，更要涵盖下级政府尤其是突发事件发生地政府向上级政府或中央政府申请转移支付等财政资金援助的情况报告，提高财政资金拨付的匹配度；法规方面，针对共享网络建设责任主体、资源配置、公布内容等方面，网络数据库信息公布的及时性、准确性等内容，以及下级政府提交资金援助申请情况报告的准确性、合规性等要求，出台相配套的法律法规。

三、强化财政应急处置机制，推进国家治理规范化

（一）清晰划分央地事权与支出责任

事权是指一级政府为本地民众提供公共服务的职责权限，而支出责任则是指政府承担并履行其财政事权所对应的支出义务和资金保障。自 1994 年我国实施分税制以来，事权与支出责任的界限逐渐变得模糊，这使得中央与地方财政在应急管理工作中难以清晰界定各自的责任范围。为应对这一挑战，2019 年党的十九届四中全会审议通过了《中共中央关于坚持和完善中国特色社会主义制度、推进国家治理体系和治理能力现代化若干重大问题的决定》。该决定明确指出，需要优化政府间事权和财权的划分，构建权责明确、财力协调、区域均衡的中央与地方财政关系，确保各级政府的事权、支出责任与其财力相匹配，形成稳定合理的制度框架。这一决策对我国中央与地方财政在应急管理领域的事权与支出责任划分上提出了新的要求。在此基础上，2020 年 7 月国务院办公厅发布了《应急救援领域中央与地方财政事权和支出责任划分改革方案》。该方案不仅强调了推进我国应急管理体系和能力现代化的重要性，还对我国应急管理事权与支出责任的划分提出了更为严格的要求，为我国建成应急管理现代化强国提供了坚实的制度保障。

《应急救援领域中央与地方财政事权和支出责任划分改革方案》所明确的事权与财权划分主要是根据重大突发事件的破坏性等级，并按照属地原则予以执行。总体划分原则是，中央政府负责跨地域且破坏性较强的应急事件，地方政府负责区域内且破坏性较弱的应急事件。依据上述原则，对于发生在本地区且破坏程度较低的重大突发事件，其直接责任及经费支出应由地方财政承担。而对于跨地区发生或破坏力强大的重大突发事件，其支出责任及经费则应由中央财政负责。在具体实施上，需严格遵循《国家突发公共事件总体应急预案》的规定，根据事件的性质与规模，迅速明确各级政府的管理与责任归属，防止财政风险的转嫁。具体而言，特别重大的突发事件，其支出责任与经费主要由中央财政承担；重大级别的突发事件，则主要由省级财政负责；较大规模的突发事件，市级财政将承担主要责任；而对于一般性的重大突发事件，县级财政将负责其支出。若事件涉及多个区域，则中央财政将承担主要责任。这一安排旨在确保各级政府在应对突发事件时，能够迅速、明确地履行其财政责任。

另外，要灵活把握各级政府所承担的财政支出，切勿“一刀切”。虽然需要具体规定不同突发事件对应的负责组织，但也要视地方实际情况来分级负担应急资金。属于地方应对的突发事件，本级财政部门不得不作为，不得以《方案应急救援领域中央与地方财政事权和支出责任划分改革方案》中的划分原则为由不进行财政保障，从而错过抑制危机最宝贵的时间。即使很多重大突发事件波及范围广，但一般也是有一个事件中心区域。事件中心城市应当好“突击手”的角色，集中一切力量抑制突发事件的蔓延。除此之外，当地方财政无力应对突发事件时，中央财政应该对其加大对转移支付力度，给予一定的补助，与地方政府共克时艰。

（二）多渠道筹集资金

1. 发行特别国债

财政部门通过统筹经费和合理调配资金，在为抗击新冠疫情提供财力保障方面发挥了其应有的作用。全国各省份均发生了新冠疫情，并因此启动了重大突发公共卫生事件一级响应。随着疫情防控措施的有效实施，多数地区的响应级别已经降低。为了应对疫情，各级财政投入了大量资金。2020 年疫情初期，我国发行了 1 万亿元的抗疫特别国债，这对支持疫情防控工作起到了积极作用。这 1 万亿元的抗疫特别国债由财政部按照常规方式发行，并纳入政府性基金预算，于 2020 年 7 月 31 日全部发行完毕。其中，3 000 亿元调入一般公共预算，由中央负责偿还，然后全部转移支付给地方政府，用于保民生；7 000 亿元留在政府性基金预算，全部转移支付给地方政府，用于拉投资，通过地方政府投资收益偿还。

由于新冠疫情的影响，各地的疫情防控能力和所需的财政支持水平存在显著差异。近年来，积极的财政政策持续发挥作用，减税降费力度不断加大。特别是 2019 年，减税降费规模超过了 2.3 万亿元，有效促进了经济的稳定。然而，这也给不少地方带来了较大的财政压力。从 2020 年到 2022 年，减税降费政策仍在继续实施，并且力度会进一步加大。与此同时，国内外经济环境依然复杂多变，财政收入持续面临压力。受疫情影响，企业在复工复产过程中遇到了诸多问题，导致复工企业的成本费用大幅上升。这些问题必然会反映在财政上，使得一些地方财政可能出现短收甚至收不抵支的情况。短期内，依靠地方财政自筹足够财力几乎不可能。对于那些本来就财力紧张的地方来说，财政支出的压力更大。解决这一问题的可能途径是增加中央对地方的财政转移支付或加快财政转移支付资金的调拨进度。

2020年“抗疫特别国债”发放了1万亿元，从2022年疫情的冲击来看，其对经济的影响恐怕已至少与2020年一季度疫情初起时大抵相当，因此2023年可以考虑比照1万亿元的规模考虑“抗疫特别国债”。“抗疫特别国债”所对应的项目，可以更加多元化。首先一定要对应到“有效投资”。当前中央的意图非常明显，有效投资主要是指新老基建，在实际的操作方面要在项目上争取高水平，既要扩大内需，还要优化结构。其次要直接用于“抗疫”。如对疫情较为严重地区“抗疫”所形成的支出要加以弥补等，这与2020年的情况类似。同时，还可以考虑运用财政资金对银行进行贴息，并形成对小微企业的优惠贷款等。最后，“抗疫特别国债”还可以考虑对汽车、家电等行业给予特别支持等。可考虑对中低收入阶层发放消费券。

2. 扩大财政赤字率

当前财政增收减支的空间毕竟有限，为加强逆周期调节，可考虑适当扩大赤字率突破3%的限制。一方面，3%的赤字率上限是欧盟启动欧元时，德法协调的结果并不是国际铁律。各国实践表明，危机发生后，很多国家已经突破了3%的约束；另一方面，2020年以来形势紧张，财政政策必须发力，而“营改增”以后，我国宏观税负一直呈下降趋势，在预计2022年财政收入负增长而财政支出仍保持一定强度下，扩张性财政政策5项具体内容包括减税费、增赤字、扩投资、援地方和平预算。中央提出“六保”政策后，其中保障市场主体就是维护经济基本盘。财政政策在保护市场主体方面的主要策略是减税降费。除了落实现有的1.6万亿元减税降费政策外，还将进一步加大减税降费力度。通过制度性安排和阶段性政策并举，重点减轻中小微企业、个体工商户和困难行业企业的税费负担。继续执行下调增值税税率和企业养老保险费率等制度，并适当延长前期出台的部分阶段性减税降费政策的执行期限。

而减税费势必会加剧财政减收，导致收支缺口（赤字规模）进一步扩大。因此 2022 年积极财政政策更加积极，一个体现就是“增加赤字规模，明确释放积极信号，缓解财政收支矛盾，稳定并提振市场信心”。2022 年市场普遍预计（名义）财政赤字率将首次突破 3% 心理防线，达到 3.5% 左右甚至 4%，由此可多释放出 5 000 亿元公共资金来支持地方“三保”（保基本民生、保工资、保运转）。

3. 适度扩大地方政府专项债规模

2022 年，我国面临的国际形势更趋复杂严峻，在疫情反复冲击影响下，经济下行压力进一步加大，亟须发挥政府债券拉动有效投资作用和资本撬动作用，更好地稳增长和稳定各方预期。2022 年的《政府工作报告》明确，安排新增专项债 3.65 万亿元，规模跟 2021 年持平。近年来，专项债资金规模快速攀升，如何充分发挥专项债资金效益，是当前备受关注的问题，其中资金投向十分关键。财政部明确，今年专项债重点投向交通基础设施、市政和产业园区基础设施、能源、水利等九大方向，优先支持纳入国家“十四五”规划纲要的项目以及纳入国家重大区域发展战略的重点项目等。

事实上，2021 年以来，财政部不断规范专项债券资金管理，指导地方按照“资金跟着项目走”的原则，聚焦经济社会发展的短板领域，重点支持经济社会效益明显、带动效应强的重大基础设施建设项目，加大对国家重大区域发展战略和“十四五”规划纲要重点项目的支持力度。同时，加强对专项债券投向领域的负面清单管理，严格禁止将专项债券用于各类楼堂馆所、形象工程、政绩工程以及非公益性资本支出项目。此外，强化对专项债券的全生命周期管理，持续提升资金使用效益。对专项债券项目实行穿透式监测，开展全生命周期绩效管理。

4. 利用信息化技术手段加强税收征管

由于我国应对突发性重大公共卫生事件的税收政策体系还不健全，未形成一整套的政策方案，均以临时性政策不定期出台，较为分散。同样，相关的税收征收管理规定大多也以补充通知的形式出现，可见其政策的独立性不够。在税收征管的配套措施方面、税收征管的处理速度以及税收监管等方面存在待完善的部分。突发性重大公共卫生事件下实施的税收优惠本意是为了防治疫情、减少企业负担和个人压力以及尽快复工复产，经济恢复正常运行。然而任何制度都具有两面性，这些原本为纳税人减轻税收负担并便捷纳税的税收优惠政策存在监管漏洞，利益驱动使得不法分子利用疫情下实施的税收优惠政策，主要通过虚开发票、虚假注册等方式进行骗税。应对突发公共卫生事件的税收征管政策本就数量较少，而且其内容主要涉及延迟纳税、网上申报等举措，对于税收优惠的落地实施没有设置专门的监管。除政策本身存在限制外，还存在纳税人对政策的认识和使用不合理、税收征收人员服务水平不高的现象。税收征管人员对应急税收政策内容掌握不够，不能帮助纳税人了解和使用，使得纳税人对政策条目认识模糊，存在办错业务、漏办业务的情况，不利于政策的顺利执行。缺乏对政策落实的监控将不能对存在的问题进行及时的调整，也无法指导税收征管工作的进行。此外，虽然税务部门对应急税收政策的宣传辅导工作取得了一定的成效，如果不注意后续跟踪管理，容易出现符合条件，能够享受优惠政策的纳税人没有享受到政策的现象出现，甚至会出现纳税人没有按照规定使用政策优惠的问题。再者，对二次爆发突发公共卫生事件的地区是否延长纳税期限没有详细的指导说明。同时，纳税延期申报的资料认定也存在不清楚、不规范的问题。

受整体形势影响，今年的税收征管力度会受到较大约束。需要加强税收征管、提高疫情期间税收征管效率来抵消一部分财政损失，此举措非常具有必要性。疫情期间，税收征管难度也加大了，不得不催生新的征管模式和工具，得以保证征管力度不受约束，这就需要我们进一步加快税收征管信息化的改革进程，尽快建立数字化税收信息处理中心，建设信息化服务，推动人工智能运用；与此同时，建设数字化征管队伍，培养专业能力综合的复合型人才，得以提高征管执行水平和精准度。

在税收征管程序方面，税收优惠政策中关于延期纳税的时限以及其他征收规定应视疫情的严重程度设置等级，分级管理；可以加入备案制，安排程序纠错，简化审批程序，保障政策执行效力；紧跟目前大数据管理的时代步伐，继续推行线上纳税事项办理，进一步拓展“零接触式”办税模式。

5. 动员社会力量开展救济性捐赠

应急捐赠是指在重大突发事件发生时，大多是发生后，国内外政府、组织、个人向灾区捐献的救灾资金以及各类应急物资的情况。应急捐赠是指在重大突发事件发生时，大多是发生后，国内外政府、组织、个人向灾区捐献的救灾资金以及各类应急物资的情况。在此次疫情防控中，社会力量的捐赠已经发挥了重要作用。可以继续动员社会各界捐助抗疫物资和资金。此外，还可以借鉴2008年汶川地震时的经验，发行灾难防控彩票来筹集资金。

《中华人民共和国突发事件应对法》强调了社会力量在突发事件应对中的重要作用，并提出了一系列措施以充分调动社会各界参与的积极性与主动性，旨在形成更强大的应对合力。具体措施包括：第一，设立突发事件应对工作的投诉与举报机制，以此激励公众对政府及其相关部门在应对过程中的履职情况进行监督。第二，完善表彰与奖励体系，对在突发事件应对中做出杰出贡献的单位和个人，根据国家规定给予荣誉表彰与物质奖励。第三，构建突发事件专家咨询与论证制度，确保专业人员能够在应对工作中发挥专业优势与指导作用。第四，支持并引导红十字会、慈善组织、志愿服务组织及志愿者等社会力量积极参与突发事件应对，共同贡献力量。第五，鼓励公民、法人及其他组织储备必要的应急自救物资与生活必需品，同时要求居委会、村委会等基层组织在紧急情况下迅速组织群众开展自救互救等初期处置工作。

（三）鼓励第三方部门积极参与，建立巨灾保险制度

1. 鼓励第三部门积极参与

在短期内，财政拨款无疑是救援与应急处置工作的首要资金来源。然而，从长期来看，突发事件应对所需的资金规模往往十分庞大，单纯依靠财政拨款难以全面覆盖重建工作的资金需求。因此，除了财政资金外，灾区的重建还需广泛吸纳市场和社会资金的参与。只有构建起多元化的资金筹措与运用机制，才能确保灾后重建工作的顺利进行。但遗憾的是，就当前情况而言，市场机制的参与度尚显不足。第三方部门的积极参与能够有效分散风险，减轻突发事件带来的巨大经济损失，是应对突发事件风险的重要市场力量。例如，面对突如其来的新冠疫情，不仅需要人

力、物力、财力方面的支持，而且还需要各部门积极参与。疫情发生以来，国务院及其所属部门陆续出台了多个相关文件政策，其中有关捐赠税收减免政策的内容如下。

对于企业和个人通过公益性社会组织或县级以上人民政府及其相关部门等官方渠道捐赠的，用于抗击新冠疫情的现金及物资，在计算应纳税所得额时，可享受全额扣除的优惠待遇。

企业和个人若直接向负责疫情防控任务的医院捐赠疫情应对物资，在计算应纳税所得额时，亦能享受全额扣除的优惠。捐赠者需凭借医院开具的捐赠接收证明来办理税前扣除手续。

单位和个体工商户若将自产、委托加工或采购的货物，通过官方渠道或直接捐赠给负责疫情防控的医院，用于抗击新冠疫情，则可免征增值税、消费税、城市维护建设税、教育费附加及地方教育附加。以上政策的税收减免幅度较大，进一步支持了新冠疫情的防控，有力地鼓舞了第三方部门的参与。

综上所述，要鼓励第三方部门积极参与应急救灾工作。一方面，利用财政保障机制工具充分发挥市场的资源配置优势。在重大突发事件应急保障机制中，财政治理工具除了政府税收和财政补贴等，还可以通过公私合作、政府购买服务等其他财政保障方式，委托各类企业参与运输应急物资等，充分利用市场资源配置的优势。这次新冠疫情防控中湖北红十字会管理捐赠物资发放和调配效率低下的问题，通过政府购买服务将运输医疗物资等外包给专门的物流企业，极大地提高了捐赠物资的运转效率，实践说明在应急危机管理中利用好市场主体的资源优势尤为重要。另一方面，引导社会组织参与突发公共卫生事件管理政府、社会、市场等多元主体参与的突发公共卫生事件应急管理，克服了仅仅靠政府解决复杂多变的应急事件各种难题。构建突发公共卫生危机的多元治理新格局，要充分发挥“市场”和“社会”两个主体的积极作用。我们要利用好基层的社会组织以弥补政府资源的短缺，我国各类社会组织中县级社会组织占比66%，主要是要调动社会组织参与积极性，并做好协调和配合等工作。一是政府加大对社会组织的财政扶持力度，开放更多的公共资源和领域，推进政府向社会组织转移职能和购买服务，让社会组织更深入地参与基层社会治理。二是地方政府可以把在应急管理中自身难以解决的事务或无法顾及的治理事务委托给社会组织，如心理援助等。三是引导社会组织参与突发公共卫生事件管理，要充分发挥志愿者在突发公共卫生事件管理中的积极性。

2. 建立巨灾保险制度

应急管理理论事后阶段采取相应的措施恢复重建并总结经验完善机制，而风险管理理论的缓解策略是整合所拥有资源以帮助事件主体降低未来该风险事件。因此解决保险业参与突发公共卫生事件管理的方式和机制不成熟问题，最关键的一条策略是需要构建围绕突发公共卫生事件的巨灾保险机制。所谓巨灾风险是指由海啸、地震、洪水、传染病等不可抗力因素引发的，一经发生便会导致多数保险标的受损并会给社会和个人带来严重的人身和经济损失的特殊风险。大多情况下由于传染性疾病导致的重大突发公共卫生事件，都归为巨灾保险范畴。建立有中国特色的传染病巨灾共保体，成为国家公共卫生管理和应急管理制度体系的有机组成部分，要提升保险业协同能力，为社会提供围绕突发公共卫生事件的巨灾保险风险相关的专项保险服务。巨灾风险的特殊性就体现在相较于一般风险其发生概率低、波及面广泛、经济损失严重、缺乏有效预测手段等。正因为巨灾风险发生概率低，所以有记录的历史资料稀缺，难以科学地利用概率学知识来合理计算巨灾保险费率，而不匹配的保险费率将会给保险公司的偿付能力带来一定程度上的负面影响。因此在普通商险独木难支，难以将承保范围扩展到巨灾风险的大背景下，巨灾保险应运而生。巨灾保险是指投保人与保险公司约定，由投保人交付合同约定的保险费给保险公司，收取保费的保险公司对难以预计、无法避免、时间紧急、后果严重的灾害事件所导致的损害负有赔偿保险金义务的保险行为。当前我国必须构建以国家机关为主导、多元主体协同参与的围绕突发公共卫生事件的巨灾保险防范体系，有效分担我国面临的巨灾风险。巨灾风险应对如若由国家财政兜底进行风险补偿，这种情况下采用的风险管理模式就是我国所采用的由政府主导的风险分散机制，其首要依靠国家财政补贴、次要依赖公益组织捐赠、最后以商业保险补偿作为补充。新冠疫情这一突如其来的公共卫生危机，作为一起典型的重大灾害事件，导致确诊患者的医疗费用负担沉重。尽管患者能从医疗保险、重大疾病保险及医疗援助等渠道获得部分补偿，但个人仍需承担的部分将由国家财政全额兜底。与此同时，商业保险公司在此事件中的赔付金额相对有限，这无疑给国家财政带来了极为沉重的压力。在疫情期间，商业保险没有很好地发挥自身的保险补偿作用，主要是因为保险业技术准备不足，缺乏应对突发公共卫生事件的经验，社会风险管理参与度偏弱，疫情再保险和共同保险市场发展不完善，社会风险意识仍然较低，我国保险的深度和密度不足。整体来看，我国距离建立完善系统的巨灾保险体系还有很长一段路要走，存在的突出问题有以下几个方面。

（1）当前由政府支持的风险分散机制存在诸多不足。一是加重国家财政负担。国家财政需要量入为出，而不确定性较大的巨灾风险一经发生，就会给社会和个人带来不可估量的财产损失，如果这部分损失都由国家来承担，则有很大可能会导致财政入不敷出。同时为补偿巨灾风险而从国家财政支出的部分如若进行项目投资，则会存在一定程度上的机会成本。二是补偿水平较低，且力度较弱。与商业保险不同的是，政府主导的风险分散机制并不存在法律上的契约约束，这种机制的补偿存在时效性难以保证、补偿程度有限等问题，如果只依赖于国家财政提供受灾援助，很容易出现灾后援助严重滞后，或者赈灾资金难以覆盖受灾损失等情况。

（2）保险业巨灾保险产品面向市场供给有限。从本质上讲，巨灾保险类产品适用范围窄，有悖于传统的可保理论，缺乏可考资料又使得其难以给出合理定价，社会认可度低，普及程度也有所欠缺，有较高的道德风险，这种情况下将其作为商业产品推向市场可能难以获利，因而我国各保险公司提供此类产品的意愿低迷。另外，相较于国外，我国财险类产品起步较晚，市场成熟度也不高。与发达国家相比我国财险存在产品供给主体有限，产品品类不够丰富等问题，这也说明了我国财险市场发展不足，还有诸多问题亟待解决。

（3）保险业巨灾保险产品市场需求有限。一方面，我国虽跃居世界第二大经济体，但人均可支配收入相较于发达国家仍存在较大差距，对于更多的普通民众来说，收入覆盖完生活基本支出之后也就没有多少盈余了，剩余收入无法支持其购买高杠杆的巨灾保险产品。另一方面，我国民众参保意愿不高，受传统价值观念影响，相较于保险，我国居民更喜欢稳定的银行储蓄类产品，民众对于保险类产品知之甚少，叠加风险管理意识淡薄的因素，我国保险深度远低于国际平均水平。同时政府支持的风险分散机制也从一定程度上加强了民众对政府巨灾风险补偿的依赖，间接让民众养成了“等靠要”的不良风险应对习惯，这也给我国的巨灾保险体系构建带来了不小的挑战。

（4）巨灾保险体系构建缺乏必要的外部条件。所论述的必要外部条件主要有两个，一个是缺乏对巨灾保险产品进行约束的完善法律体系。当前国家财政部门和保险业在灾后损失补偿中对自身的定位认识不清，在对保险公司巨灾保险产品征收所得税与营业税的时候将巨灾保险产品的保费与其他产品保费合并征收，这使得巨灾保险体系构建难以得到政策层面的支持；另一个是针对我国巨灾风险特点的应急响应机制缺位。我国在政府部门层面并未设立专门的巨灾应急响应决策机构，国家财政部门也没有针对巨灾风险进行专项拨款，现行响应决策机制在预判与应对巨灾风险、常态与应急风险管控方面结合得不够紧密，政府各级部门功能之间的差异导致上下层无法有效联动，难以应对未来可能出现的新的巨灾形式。

为此，在缺乏丰富历史经验可供借鉴的背景下，构建围绕突发公共卫生事件的巨灾保险制度显得尤为迫切且具有挑战性。这一制度的建立不仅需要我们深入洞察国际上的成熟模式与先进经验，还需紧密结合我国的具体国情和独特的灾害特性进行灵活调整与创新应用。通过完善立法程序，填补我国在突发公共卫生事件巨灾保险产品相关法律领域的空白，确保制度设计的合法性与科学性。同时，应建立一个以政府为主导力量、以商业保险体系为核心支撑的多层次、多维度巨灾风险补偿机制，形成政府与市场的有效协同。

一是建立健全公共卫生安全领域的巨灾保险相关立法，从法律层面支持巨灾风险补偿机制的构建。法治社会调节社会关系的核心方式就是法律法规，法律意义上的自然人可以利用已知的法律条文来判断自己不同的行为会导致哪些不同的法律后果，进而约束指导个人行为，在合法的范围内充分利用法律武器来保护自己的正当权益，尽量减少与他人发生冲突。同理，要确保公共卫生安全领域的巨灾保险制度顺利在我国建立，一个重要的前提条件就是完善相关立法，通过国家立法的形式明确巨灾保险制度如何实际运行、如何有效管理，对于巨灾保险法律法规涉及的各主体的法律地位及权利义务关系要事无巨细地进行罗列说明，还要详细给出巨灾风险的量化分类、收费梯度、免赔额度、核保、准备金提取等实施细则，将其纳入重大突发公共卫生事件应急响应机制中，从而保障成功建立巨灾保险制度。在巨灾保险制度得到法律层面的支持后，实践中遇到巨灾的风险管理、损失赔偿等具体实操问题时，自然就可查阅已有的法律条文并依法行事。因此完善巨灾保险立法可以保证我国巨灾保险制度发展的稳定可靠。

二是组建专业团队研究制定科学有效的参保途径、保障范围和收费梯度。不仅要充分评估我国容易发生的突发公共卫生事件的种类特点，还要充分借鉴参考我国已经发生过的全国性或者地方性的突发公共卫生事件，调研分析其他国家巨灾保险制度实施经验，研究制定适合我国国情的参保途径和保障范围，以有效提高我国突发公共卫生事件的处理应对能力。在参保途径的选择上，现有经验表明政府不加干预的非强制购买方式很大可能导致市场出现逆向选择状况，而半强制购买行为难以有效覆盖到社会低收入群体，因此比较推荐的购买方式是强制购买方式。在保险保障范围上，想要对所有公民承受的全部损失进行补偿是不现实的，应从满足公民基本生存条件起步结合我国经济发展情况逐步延展保障范围，而对于个人经济损失，可交由商业保险公司负担，民众自愿选择是否投保。至于费率设定，需要根据风险分类及等级进行区分定价，由国家相关部门或组织机构根据当地财政收入、具体灾害损失等因素综合厘定，最后交由银保监会审核是否通过。

三是多渠道跟进，建立多层级风险补偿机制。未来公共卫生安全领域的巨灾保险制度构建，可按参保对象类型的分类，分为居民巨灾保险和企业巨灾保险。对于后者，完全可以资本市场化，民众按自身需求有选择地进行投保，保险公司也可视情况决定是否承保。然而对于前者，就需要建立政府、企业等社会资源占有主体共同分摊风险的多层级机制，在这个多层级机制当中，政府主要负责的工作是巨灾保险的补贴和再保险，保险公司负责巨灾保险的销售和赔付，同时政府可对一些巨灾风险较大的地区实施保险保费补贴和相关企业税收减免优惠政策，之后商险公司向政府和再保险公司进行二次投保，将风险分摊给政府和再保险公司，这就是多层级风险分担机制运行的原理。为了能让多层级机制充分发挥抵御巨灾风险的作用，要向纵深方向发展，探索巨灾风险与指数化保险等产品的融合发展，通过资本转移处理过去行业当中通常认为不可保的风险，并吸引社会多元主体的参与来支持我国巨灾保险制度的发展。创建并完善突发公共卫生事件的传染病巨灾保险共同体机制不是一蹴而就的，而是有一个过程。可参考核共体、农共体、地震共保体的经验及模式。可以考虑在前期阶段，由国家再保险公司和其他几家商业保险公司联合推出一种市场化的突发性巨灾再保险产品，并在此基础上同时探索市场需求。

四、健全财政恢复重建机制，推进国家治理协调化

（一）转移性支出的恢复重建作用机理

重大突发事件由于其复杂性和强大的破坏力，往往需要借助多种财政工具来支持社会的恢复与重建工作。在这些工具中，转移支付扮演着关键角色。转移支付资金是由上级财政部门直接划

拨的，无论是在资金规模还是在资金到位的速度上，它都是恢复重建过程中不可或缺的资源。无论是“非典”、汶川大地震还是此次新冠疫情期间，我国中央及地方财政都进行了大量的转移支付工作，为助力企业复工复产，整个社会恢复重建做了巨大贡献。尤其是此次新冠疫情期间，中央财政除了加大转移支付力度以外，还首次实施了特殊转移支付制度，资金直达市县基层，直接惠企利民。尽管如此，重大突发事件时期的转移支付制度仍有需要完善之处。

第一，建议完善以支出绩效为导向的转移支付制度。以支出绩效为导向的转移支付制度是一种在构建“自上而下”与“自下而上”相结合的资金考核制度的基础上，问责转移支付资金在公共服务供给上的使用效率，促使上级政府能够对转移资金使用情况进行全面掌握的制度。完善以支出绩效为导向的转移支付制度，便可以使得重大突发事件的救助资金使用更加公开透明，服务效率更高，也可以使得灾后社会快速恢复生产，步入正轨。

第二，建议特殊性转移支付制度实施实名制管理与精准定位。特殊转移支付是对现有转移支付制度的补足，可缓解重大突发事件来临后转移支付不足的难题，其特殊之处在于环节特殊、程序特殊，由中央切块、省级细化、备案同意、快速直达，这些特殊性使得转移支付制度中的主体责任和监督问责机制得到了落实。但是在实施特殊转移支付制度时，很容易因为信息不对称出现“错漏”现象，使得特殊转移支付要求的低保、特困等人员和企业分配不到资金。因此，需要财政部门对特殊性转移支付制度实施实名制管理与精准定位，联合民政部门以及其他相关部门，对享受特殊转移支付的群体实时动态追踪，争取做到不漏掉每一个享受该政策的群体，发挥特殊性转移支付制度的最大效用。

第三，做好转移中央转移支付资金的监管。在中央转移支付资金到达地方后，中央财政委托地方财政对相关资金进行监管并拨付给需要的方向。这种管理模式会导致中央财政过度相信地方，不再进行转移支付资金的监控，仅通过部门决算反映收支情况，效益难辨。然而，地方财政大多认为此项经费来源于中央财政，不属于本级财力，在人员有限的情况下，忽视了对中央转移支付资金的监督，导致中央转移支付资金拨付到位后就成了“两不管”地带。因此，针对这种情况，建议将中央转移支付资金的监管职能转交至财政部驻各地的监督局进行管理，一方面，代表着财政部的有关意志，另一方面，驻地机关机动性强，可以对资金进行有效跟踪。

第四，深化转移支付资金“中央切块、省级细化、备案审批、快速直达”的执行原则，是提高财政资金使用效率、确保资金精准投放的关键举措。中央转移支付资金具有其固定的特殊属性及用途，这要求我们在管理与执行过程中，必须不断优化流程，强化监管，确保每一笔资金都能发挥出最大的效用。“中央切块”，意味着中央政府在下达转移支付资金时，需要根据各地的实际需求和发展情况，进行科学合理的分配。这一步骤强调的是公平性和针对性，旨在通过中央层面的宏观调控，实现资源的优化配置。“省级细化”，则是指省级政府在接收到中央下达的资金后，需进一步结合本地区具体情况，对资金使用方向做出更为详细的规划和安排。此环节注重灵活性与实效性，确保资金能够更加贴近基层实际需要。“备案审批”，要求地方财政部门在使用资金前，必须向中央财政相关业务司提交详细的使用计划，并经过严格审核批准后方可实施。此举旨在加大监督力度，防止资金滥用或挪用现象发生。“快速直达”，强调的是在完成上述所有程序之后，应尽快将资金拨付至最终受益单位或个人手中，以缩短资金流转时间，提高使用效率。在整个过程中，减少中间环节、加速审批流程显得尤为重要。这不仅有助于提升工作效率，还能让经费更精准及时地投入最需要的地方去，从而更好地服务于经济社会发展大局。

（二）减税降费的恢复重建作用机理

减税降费政策是重大突发事件发生后稳就业、稳投资、稳外资、稳外贸，稳预期、稳消费的重要手段。通过观察 2003 年“非典”至今的灾后财税政策可以发现，这些政策出台的基础都是稳就业、稳投资、稳外资、稳外贸，稳预期、稳消费。在未来，若有重大突发事件发生，仍旧需要在这六方面入手出台减税降费政策。我国历年来助力社会恢复重建的财税政策都取得了很好的效果，但并非完美，针对本次新冠疫情的减税政策，提出一些完善建议。

一是增强税收优惠政策针对性。税收优惠政策要根据重大突发事件对不同地区、行业以及纳税人影响程度的不同，制定实际差别化的政策方式和力度，且整体上要参考灾情严重程度，准备不同级别的政策举措，发挥对特定群体、有困难的企业等主体的帮扶作用。另外，重视需要重点帮扶的行业或企业，在行业中，以制造业为例，应把政策效益集中在降低其经营成本和鼓励创新方面，或许可以考虑打开企业税前扣除贷款利息的关口。针对服务业中易受疫情冲击的行业，尤其是餐饮、住宿及娱乐业，这些行业常面临客房空置、经营成本高企及税负沉重的挑战，应采取增加税收优惠的措施。具体而言，应加大对增值税及其附加税的减免力度，允许企业在特定时期内暂缓增值税进项税额的转出，并特别为无法开工的企业制定专项优惠政策。在企业扶持方面，应重点支持小微企业和民营经济的发展。可适当放宽特定行业小微企业的认定标准，比如对于员工流动性大的建筑劳务企业、季节性生产的鲜活农林水产品加工企业等。同时，要进一步完善个体工商户的税收优惠政策，以缓解其租金负担重、资金流转困难的问题。除了延长个税缓缴期限外，还应在个人所得税中增设个体工商户经营房屋租金的专项附加扣除。例如，当租金超过一定限额时，允许每年扣除 1 200 元的租金费用，且扣除期限最长不超过 24 个月。

二是对受重大突发事件影响较大的企业加大救助力度。在面对重大突发事件时，无论是大型企业还是中小微企业，都是促进就业、稳定经济的重要力量。因此，对于受重大突发事件影响较大的企业，必须加大救助力度。既要对不裁员的企业给予工资补贴，激励企业不裁员，减少失业对劳动者的福利损失；也要对所有受重大突发事件影响较大的企业给予社保补助，减轻企业的负担，帮助企业渡过难关。在抗击重大突发事件、推动社会迅速恢复生产的关键时期，财政部门要与各大中小企业统一战线，共同应对挑战。通过提供财政支持和政策引导，帮助受影响的企业尽快恢复正常运营；通过强化监管与服务举措，保障资金运用的合法合规与高效性；通过资源的优化配置与效率提升，推动经济实现可持续发展。唯有各方携手并进，方能尽快克服灾情影响，引领经济社会重回正轨。在此过程中，政府、企业及社会各界均应积极担当，凝聚共识，协同推进经济社会的发展与繁荣。

三是对灾时停工企业的税收固定成本给予减免。新冠疫情期间出台的减税降费政策主要涉及的税种有增值税、企业所得税、消费税、个人所得税等，这些税种是以企业的流转额与所得额为基础征收的，而对于停工企业来说，他们没有流转额与所得额，对这类企业进行税收减免的意义不大。相反，像房产税和城镇土地使用税这类税种，无论企业是否停工都需缴纳，进而成为企业的固定成本，增加了停工企业的压力。为了减轻企业负担，建议在企业停工期间，减免这一类成为企业固定成本的税收。若未来有重大突发事件发生，也建议对停工企业的税收固定成本给予减免，待到企业复工复产时，重新征收，从而减小灾时停工企业的压力。

四是聚焦于提升税收优惠政策的执行效率。一方面，需强化税收优惠政策执行效果的评估机制。鉴于灾情动态变化，应急税收政策亦需适时调整。为此，应选用科学的评估方法，构建针对重大突发事件的税收支出评估体系，定期评估并反馈应急税收政策的效果，以便及时调整优化政策。同时，设立专门的评估机构，由税务机关内部的专业团队负责政策的研究、实施及系统性评估，协调解决执行中的问题，采用定性与定量分析方法，科学预判政策落实的时效性与成效。此外，还需完善问责与绩效考核机制，明确税务机关在预警、响应、善后及重建四个阶段的职责，并加强与各部门的沟通协作，确保税收优惠政策与其他政策的协同发力，形成政策合力。另一方面，要规范税收优惠政策执行的监管流程。在确保监管机构人员独立性与客观性的前提下，根据机构设置与职责划分，合理规划应急税收政策执行情况的监管工作，加强协调与控制，最大化发挥应急税收政策的作用。这要求决策、执行与监督部门相互独立，科学配置部门人员与岗位，避免职责重叠，确保内部制衡。同时，清晰界定税收监管职责，预防舞弊行为，将风险导向原则贯穿于应急税收政策执行的监管体系中。此外，还应加强社会监督，确保信息公开的公正透明，借助网络媒体力量，促使征税对象、征税流程及征税数额的全面合规。

(三)赤字财政政策恢复重建作用机理

为了应对经济下行，需要加大财政刺激力度，发挥逆周期调节作用以提振经济，这在中国被称为积极财政政策。自 2008 年国际金融危机后，中国一直采取积极财政政策，当然刺激力度不同，财政赤字率就是观察财政政策力度的一个重要指标，通常情况下，赤字率的提升意味着赤字规模的扩大，这一变化传递出清晰且积极的信号，有助于缓解财政收支之间的紧张关系，并提振市场参与者的信心。财政赤字率，即全国一般公共预算账本中财政赤字规模占国内生产总值的比重，在新冠疫情暴发之前，中国官方口径的赤字率未突破 3%，3% 一直被当作心理上财政风险安全防线。

重大突发事件背景下要突破 3% 赤字率的限制。在过去，赤字率的头上一直有一个“紧箍咒”，也就是赤字率不能突破 3%，所以近些年来我国的赤字率一直低于这个比例，在 2016 年达到了最高，也仅为 2.93%。但是在重大突发事件发生时，财政赤字率不应该受 3% 的约束，这个时期经济衰退，需要大量的财政资金恢复重建，所以在特殊情况下赤字率也应突破 3% 的限制。2020 年新冠肺炎疫情期间，为了加快后疫情时代经济社会恢复正常，我国将财政赤字率从 2.8% 提高至 3.6% 以上，赤字规模比 2019 年增加 1 万亿元，达到 3.76 万亿元，突破了 3% 的限制，取得了很大的成就。因此，在未来若有重大突发事件发生时，建议可以不遵守财政赤字率 3% 的铁律，适当提高赤字率，从而带动国民经济发展。

据中国财政部发布的预算报告显示，2022 年度中国的财政赤字额达到了 3.37 万亿元人民币。2023 年财政赤字由 38 800 亿元增加到 48 800 亿元，财政赤字率由年初预算安排的 3% 左右提高到3.87%。在因新冠疫情冲击而税收收入下降的2020年，中国财政赤字额扩大到3.76万亿元，比上年增加1万亿元。在那以后，中国连续两年对财政赤字进行了压缩。财政是否能够持续，很多情况下是通过赤字额与经济规模的比率来加以判断的。新冠肺炎疫情过后的几年，财政赤字还在逐年增长，这对经济复苏是有利的，但是不可长期突破3%的赤字率。更高的财政赤字就意味着要发行更多的政府债券，长期安排财政赤字，就会使政府陷入债务风险。

（四）政府债券的恢复重建作用机理

政府债券是政府筹集资金，扩大公共支出的重要手段，在重大突发事件背景下，应要加大政府债务规模。政府债券主要有两大功能，一是弥补赤字，二是进行国家宏观调控。当重大突发事件来临时，政府债务可以在债务余额占GDP的比率不超过60%的前提下发行债券，用于重大突发事件发生后社会的恢复重建。本次新冠肺炎疫情期间，我国发行了一亿元的抗疫特别国债，并且新增了大量的地方专项债券用于抗疫救治，取得了很好的效果。所以，未来重大突发事件发生时，可以在不突破债务风险底线的前提下，扩大政府债务规模来应对重大突发事件，减缓重大突发事件对经济造成的冲击。

但是，发行政府债券时要注意防控风险。根据财政部数据显示，截至2020年3月底，我国的政府债务约为2.43万亿元，占GDP的比重仅为17%，加上地方政府的债务也就41%。截至2023年末，我国政府法定债务余额70.77万亿元。其中，国债余额30.03万亿元，地方政府法定债务余额40.74万亿元，占GDP的比重为56.1%。与众多国家相比，我国的政府债务并不多，远远低于60%的警戒线。但是为了应对突发事件增加财政赤字是不可避免的，在赤字规模逐渐增加且呈常态化发展的情况下，政府的债务风险将会加大。再者，我国还有多年来累积的即将到期的债务，如果不进行有序管控，也会影响经济社会的发展。因此，不管是后疫情时代还是未来重大突发事件来临，发行政府债券进行灾后救治时必须注意防控风险，完善相关工作机制，积极稳妥地防范和化解地方政府债务风险。

五、改进财政监督评估机制，推进国家治理高效化

（一）严格应急预算支出

财政政策的落实情况体现在预算收支的具体安排上。疫情冲击经济，税源萎缩，财政收入大幅下滑。在“过紧日子”、厉行节约办一切事业的要求下，应急管理部的应急救援专项支出“刚性增长”，2021 年安排 8 334 万元，跟 2020 年相比增加 184.56%。因此，有必要严格应急预算支出。

一是应按照零基预算的理念调整预算支出，优化支出结构。（1）缩减非必需且非紧急的弹性开支。（2）为了切实保障疫情后受影响的脆弱群体，包括感染人员、因病致残者、疫区受排斥者、失业者、低收入者及农村贫困人口等，建议利用现有的个税申报、财产记录、失业登记、低保管理以及贫困人口统计等数据资源，精确锁定需要救助的对象。通过向他们发放专项补助和消费券等措施，确保他们的基本生活不受影响。（3）支持高校毕业生、农民工、退役军人等重点人群就业，鼓励创业，加大对就业培训、技能培训、创业指导、灵活就业的支持力度。支持实施家政服务、

养老护理、医院看护、餐饮烹饪、电子商务等技能培训，提升失业、无业农民工就业技能。鼓励并扶持农村创新创业领军人物，将符合条件的返乡农民工创业者纳入一次性创业补贴政策范畴。倡导并支持自主创业及多样化的灵活就业形式。(4) 针对关键领域、重点区域及特定群体，增强投资与支出力度，以减轻公共风险对政府、企业及个人的经济负担。对于过往年度已启动的项目、已纳入中期财政规划的投资，以及地方年度预算已规划的投资，特别是与新基建投资相关的，尤其是符合城市群、都市圈发展战略的投资项目，应加速推进实施，以此激发民间投资活力。规范政府投资基金的运作，并优化政府与社会资本合作（PPP）模式等融资方式。

二是规范应急财政资金的支出重点。基于我国当前应急财政资金支出的多样化，在实际的资金运用过程中必须明确应急财政的支出重点，从而最大程度地提升应急资金使用的准确性。这有利于进一步提高应急财政资金的使用效率，尽可能地减少可能带来的社会经济损失。各级政府首先可以结合历年发生的重大突发事件，对其所造成的损失进行综合分析，在此基础上对历年来易遭受损失的领域进行针对性的财政资金投入。事前的针对性措施，有利于在突发公共卫生事件发生后，及时对重点领域进行经济援助。其次，在重大突发事件发生后，各级政府机构可以委托专门的调研机构，对突发事件所涉及的领域进行排查，综合排查的结果，在后续的应急财政资金投入过程中，有侧重地加强对这一领域的应急财政资金支持。这样的措施，一方面通过专门的机构进行调研能够第一时间了解到各个领域部门受突发公共事件的影响程度，符合应急管理的紧急性特征，进而可以有针对性地对相关领域进行资金保障。另一方面可以做到事前的预防与实际需求的结合，更为准确地分析应急财政资金的运用领域，从而进一步规范应急财政资金的支出重点。

三是改善应急财政资金的支出比例。平衡重大突发事件各个阶段的应急财政资金支出比例。根据管理全过程理论可知，应对不可预测的事件，不应当只着眼于事件发生后的处理救援阶段以及事后的恢复阶段，对于事前的预防也应当做好充足的准备。所以，基于当前我国事前预防阶段应急财政资金投入不足的情形，应当加强对于事前应急资金的投入，进而平衡应急管理各阶段的财政物资比例。各级部门可以在年初的预算中增加应对不可预测事件的应急准备金。除了上述预备费与预算稳定调节基金的调整以外，各级政府部门可以采用流量式的管理模式，另外增加一定的应急准备金。其作用就在于，可以与预备费、预算稳定调节基金一起构成突发公共卫生事件的事前预防机制，为事前预防提供相对稳定的应急资金支持。若当年度未发生突发公共卫生事件，则可以将应急准备金纳入预算稳定调节基金或者其他预算支出事项。除此以外，流量式的管理模式，决定了当年的应急准备金不会产生搁置或者浪费的情形，即便没有发生重大突发事件，其也能作为其他预算支出的补充。通过以上的调整，可以进一步提升不可预测事件发生前的资金保障作用，从而平衡各个阶段的应急财政资金支出比例。

（二）增加内外部双重监督应急资金

在财政体系内部，要进行详实的核查，将监督评价的关口前移，首先做到对财政应急资金流向的自查工作，防止内部腐败。外部通过人民代表大会、政治协商会议和审计部门进行监督，充分履行权力机关、监督机关和行政机关对财政应急资金的监管职责。与此同时，积极的社会监督力量也需要引起重视，在正确的引导下由社会公众及新闻媒体共同对财政应急资金的使用进行全方位的监督检查。完善多元化监督体系，优化财政监督的组织体系、监督程序和内部控制，建立规范高效的审计监督机制，推动人大实质性监督，引入社会独立第三方评价机制。加强事前、事中和事后全过程监督，推动监管重心向财政预防与常态运行前移，加强预算与分配监督，优化预算执行与拨付使用直达资金监督，强化财政资金的清理回收，提高预算公开透明度。根据《关于加强新冠肺炎疫情防控财税政策落实和财政资金监管工作的通知》的要求，各级财政部门必须加强对疫情防控相关财政资金的监督管理。这包括密切关注与疫情相关的患者救助费用补助、临时性工作补助、财政贴息以及物资采购等方面的资金审核、拨付及管理使用情况，并指导相关部门规范财务管理和会计核算流程，确保资金的安全性、合规性和有效性。地方各级财政部门应当整合中央转移支付资金、地方一般公共预算资金、政府性基金预算资金和社会捐赠等各类资金来源，遵循“特事特办、急事急办”的原则加快预算执行速度，及时足额地发放所有用于疫情防控的资金。同时，财政部各地监管局需密切跟踪中央财政补助资金的具体分配情况，建立健全疫情防控资金台账体系。此外，还应督促地方政府合理调配资源，优先保证疫情防控所需资金得到充分供应，特别是要满足基层单位在疫情防控期间的基本运行需求（即所谓的“三保”：保工资、保运转、保基本民生）。对于任何擅自截留、挤占或挪用防疫专项资金的行为，或是将资金用于非防疫目的如购买无关物资等情况，都应要求地方政府严肃处理此类违规操作。

在灾情防控工作结束后，各地财政部门及财政部地方监管局需及时对相关财税政策的执行情况和财政资金的使用效果进行绩效评估。这一过程应基于既定的财税政策目标与要求，科学设定评价指标，并全面搜集各类数据资料，必要时还需开展现场调研。评估内容应涵盖政策实施与资金管理的时效性、公平性和有效性等方面，特别关注政策措施是否能够迅速且准确地落实到位，补助标准是否合理，分配过程是否透明公正以及最终成效是否符合预期等关键点。根据评估结果，系统地总结出政策执行过程中的成功案例与经验教训，同时深入剖析存在的问题及其原因，提出具有针对性的意见或建议。这些反馈将成为未来优化调整财政政策、改进资金管理机制的重要依据之一。

（三）全面掌握救灾资金信息

自疫情暴发以来，财政部门积极履行其职能，大力加强防疫经费的保障工作。从 2019 年至 2022 年，我国各级财政累计安排了超过 10 000 亿元的疫情防控资金。为了确保这些财政资金能够精准有效地用于疫情防控的关键领域，各级财政部门必须加强对疫情防控财政资金的监管力度。具体而言，监管部门应重点关注与疫情防控相关的患者救助费用补助、临时性工作补助、财政贴息以及物资采购等方面的财政资金审核、拨付及管理使用情况。同时，督促指导相关部门规范疫情防控资金的财务管理和会计核算，确保资金的安全有效使用。在资金监管方式上，采取非现场监管与现场监管相结合的模式。在疫情防控期间，以非现场监管为主，灵活运用线上报送、线上跟踪等“非现场、不见面”的“互联网 + 监管”手段，高效有序地开展监管工作。待疫情结束后，根据实际情况适时恢复现场监管，并严肃查处任何违法违规行为。

地方各级财政部门需强化对中央转移支付资金及地方一般公共预算、政府性基金预算和社会捐赠等各类资金的综合协调，遵循“急事急办、特事特办”的原则，确保及时且足额地划拨各项用于灾情防控的资金。同时，财政部各地监管局应迅速掌握中央财政补助资金的下达情况，建立详细的灾情防控资金台账。此外，地方财政部门需统筹安排资金调度和垫付工作，确保疫情防控资金得到优先保障和及时拨付。对于资金使用过程中出现的困难和问题，应及时向上级反馈并提出改进建议；一旦发现问题，应立即督促相关部门进行纠正。地方财政部门和财政部各地监管局监管工作既要有所侧重，又要形成合力，提高监管成效。

再者，各方政府要对救灾物资信息进行及时披露。信息披露是各方了解政府部门各项工作开展情况的重要渠道，对公共事件中应急财政资金和捐赠款物的审计信息披露，为更加彰显政府公信力、保障重大突发事件应对有效性和防止在处置重大突发事件过程中贪腐现象的出现等都提供了有力支撑。加强重大突发事件中应急财政资金和捐赠款物的审计信息披露的重大意义正日益凸显，成为维护社会和谐稳定的重要趋势。当前，政府信息披露标准上存在差异、披露的信息传达的范围有限，在一定程度上会影响审计发挥应有效用。加强信息披露，不仅要规范信息披露的时间、内容、范围，还应创新信息披露的途径，确保信息的有效传达，如，可以在社交平台上、电视新闻中由浏览量较大的官媒发布消息、在社交平台上由浏览量较大的官媒发布汇总各地审计情况的链接内容，便于民众查询等。但同时，还需要对信息披露所伴随的披露成本进行考虑。加强信息披露，不仅需要审计部门的努力，也需要互联网、媒体、技术等相关部门和行业共同努力，更加进一步明确此类受关注度较高的审计的信息披露的规范和标准，探索更低成本、更高效用的信息披露手段。

（四）建立有效评估救灾资金体系

一个高效的财政应急资金绩效评估体系，其构建基础在于遵循政府行为的经济性、效率性和效果性原则，并将政府支出行为的成本效益分析作为评估的核心环节。此体系采用科学且规范的绩效评价方法，旨在对应急财政支出的成本及其所产生的效益进行客观、公正、全面的衡量与比较。为了确保应急资金绩效评估的有效性，关键在于设立合理的绩效评价指标。在设定这些指标时，建议从以下三个维度进行考量：第一，针对预防阶段，我们可以通过评估财政应急预案体系的完善程度以及应急报警系统的建立情况，来衡量该阶段财政支出的成效。这有助于判断政府在灾害预防方面的准备是否充分。第二，在灾时处置阶段，我们将重点考察救灾物资的筹备速度以及物资使用的规范性，以此来评价该阶段财政支出的效果。这能够反映政府在灾害发生时的应急响应能力和物资管理效率。第三，在恢复重建阶段，我们将通过评估重大突发事件后受灾地区和人群的社会保障、社会救济以及重建工作的进展情况，来衡量该阶段财政支出的成效。这有助于判断政府在灾后恢复重建方面的投入是否产生了积极的社会和经济效益。

在确立了绩效评价指标之后，必须构建一个全面且切实可行的重大突发事件财政支出评估体系。这一体系应当以结果为导向，遵循“属地管理”原则，明确地方政府作为突发公共事件应对的第一责任人，确保其能够及时、有效地对应急财政资金的使用进行绩效评估。当发现某个项目的效益评价较低时，财政部门需迅速采取行动，果断暂停该项目的资金支持，并将资源重新分配给那些评估效率更高的重大突发事件项目；同时，对于效益低下的项目，需要深入分析导致低效的具体原因，如果问题是由于官员的不当行为或决策失误造成的，则应严格问责和处罚相关责任人。这种机制旨在遏制官员追求短期利益而忽视长期发展的行为，从而提升财政资金的整体使用效果和社会福祉。

六、纳入地方政府财政预算，推进国家基层治理现代化

（一）强化基层应急基础和力量，出台全方位支持政策

基层应急管理能力建设，一直备受关注。基层社区、村镇等是各种灾害发生时的直接受影响区域，也是第一时间接触和应对灾害的层级。强化基层的应急基础和力量，才能确保在灾害初期，能够迅速、有效地进行应对，最大限度减少灾害损失。作为防灾、减灾、救灾行动的最前线，基层扮演着防范与化解灾害风险、迅速应对灾害事故的核心角色。自党的十八大以来，遵循习近平总书记关于应急管理的重要指导思想，我国在基层应急管理现代化建设方面取得了里程碑式的进展。基层应急管理体系与能力得到了全面提升，为捍卫国家安全、维护社会稳定及推动经济发展奠定了坚实的基础。

同时也必须看到，当前，我国基层应急管理薄弱环节还有不少。从管理体系看，组织架构不完善、人员配备有缺失、专业设备不到位、财政资金难触及等问题不同程度存在。从具体运作看，形式主义、官僚主义顽疾仍时有出现，严重影响了防灾应急的效率和质量，更损害了党和政府在人民群众心中的形象。

一些地方部门在制定应急预案时，不深入调研、不结合实际，多是机械地照搬照抄，导致预案成为“纸上谈兵”，一旦发生突发事件，根本无法有效应对；有的在基层隐患排查中，走马观花、蜻蜓点水，对问题隐患“视而不见”，为事故的发生埋下了祸根；有的在应急救援指挥中，情况不明、心中无数，延误了

救援的最佳时机；还有的在工作中热衷于搞“形象工程”“政绩工程”，一些督查检查考核陷入了形式主义、官僚主义的窠臼，产生了“指尖上的形式主义”，不仅给基层带来重重压力，也让工作有落虚落空之忧。凡此种种，都不利于夯实防灾、减灾、救灾“最后一公里”防线，必须加以彻底整治，从而切实推动应急管理力量下沉、保障下倾、关口前移。

基层应急管理能力建设一直是社会关注的焦点。2024 年 2 月，中央全面深化改革委员会在第四次会议上强调了进一步提升基层应急管理能力的重要性。同年的全国防灾减灾日活动也特别关注基层层面，主题定为“人人讲安全、个个会应急——着力提升基层防灾避险能力”。此外，在党的二十届三中全会上审议通过的《中共中央关于进一步全面深化改革、推进中国式现代化的决定》中明确提出要“强化基层应急基础和力量，提高防灾减灾救灾能力”。

加强基层应急管理能力建设是防范和化解重大安全风险、及时应对各类灾害事故的根本策略，也是推进应急管理体系和能力现代化的关键组成部分。为了进一步强化基层应急基础和力量，提升基层应急管理能力，中共中央办公厅和国务院办公厅于 2024 年 9 月 21 日联合发布了《关于进一步提升基层应急管理能力的意见》。该文件从多个方面做出了详细规划，包括提升基层应急管理组织指挥能力、提高基层安全风险防范能力、增强基层应急救援队伍的实战能力、提升基层应急处置能力以及强化基层应急管理支撑保障能力等。文件不仅对基层应急资金、物资和人力资源的保障提出了明确要求，还对“防”与“救”责任链条的衔接做出了明确规定，为形成隐患排查、风险识别、监测预警和及时处置的闭环管理提供了政策支持。

（二）健全直达基层的现代应急物流调配体系

当前，全球气候变暖进一步增强了灾害的极端性、异常性和不确定性，灾害风险呈现进一步加剧态势，加强基层应急力量建设至关重要且迫在眉睫。党的十八大以来，各方持续推动应急管理工作力量下沉、保障下倾、关口前移，基层应急管理能力建设取得显著成效。比如，我国目前已经建成覆盖全国的省、市、县、乡、村五级灾害信息员队伍，共有100多万人，全国乡镇以上灾害信息员年均统计报送数十万条灾情信息，充分发挥第一现场“哨兵”的作用。与此同时，当前基层应急管理薄弱环节还比较多，组织架构不完善、人员配备有缺失、专业设备不到位等问题不同程度存在。

在资金投入方面，要按照事权与支出责任相适应原则，将基层应急管理工作经费纳入地方政府财政预算，完善多元经费保障。将救援队伍和应急场所建设、应急装备物资配备、应急信息化项目等纳入地方经济社会发展规划和相关专项规划，完善基层防灾减灾、公共消防等基础设施。

在物资保障方面，市县两级要坚持节约高效原则，综合考虑本地灾害事故特点、人口分布、地理位置等因素，合理规划应急物资储备点布局，在重点区域和高风险乡镇（街道）、村（社区）配备卫星通信终端、险情监控、救生防护等必要物资装备。对市场保有量充足、保质期短、养护成本高的物资，逐步提高协议储备占比。鼓励引导企事业单位、社会组织和家庭储备必要应急物资。充分发挥各级交通物流保通保畅工作机制作用，健全直达基层的现代应急物流调配体系。按照规定完善社会资源应急征用补偿机制。加强基层应急救援用车保障，加强物流货运平台建设，为应急救援人员和车辆提供通行便利。

内蒙古网络货运平台建设①

物流产业被称为经济的血脉，国家坚定地扶持网络货运这一新业态发展，因为它是依托数字化发展而来，不仅是物流行业数字化转型的直接产物，也是大力推动发展平台经济、数字经济的需要，更是提高应急物资调度、运输的需要。网络货运通过综合运用大数据云计算，移动互联，北斗 GPS 定位，物联网等技术，在整合有效资源、规范行业秩序、保障出行安全、降低物流成本、建立信用体系等方面发挥了重要作用。但是，网络货运存在政策不完善、监管力度不够、地区间恶性竞争、地方税收利益外流、衔接不畅等诸多现实问题，需要高度重视并深入研究。

以内蒙古自治区为例，内蒙古横跨“三北”、外联俄蒙、环抱京津冀，有 4 000 多公里边境线，在维护国家安全和边疆安宁方面肩负着重大政治责任。一旦发生类似疫情、阿拉善煤矿坍塌等重大突发公共事件，交通物流需要畅通，应急管理物资需要第一时间运送到位。同时，内蒙古作为内陆省份，地处祖国北方边疆，地广人稀、资源丰富，经济社会的协调发展与产业结构的优化调整需要依托公路交通运输来实现。根据交通运输部发布数据，2022 年我国全年货物运输总量 506 亿吨，内蒙古为 20.8 亿吨，其中，铁路货运占比为 39.03%，公路货运占比为 60.97%。从全国货物运输总量来看，山东省（8.1%）、广东省（7.7%）、安徽省（7.3%）排名前三，内蒙古占 4.1%。从铁路货运来看，山西排名第一，货运量为 10 亿吨，内蒙古排名第二，为 8 亿吨。从公路运输量来看，排名前三的省份为山东、安徽和广东，均超

---

① 本建议被自治区交通厅采纳。

过内蒙古两倍，内蒙古排名第15。从自治区各盟市公路货运量来看，鄂尔多斯（2.8亿吨）、赤峰（1.9亿吨）、呼和浩特市（1.3亿吨）、包头市（1.2亿吨）、巴彦淖尔市（1.1亿吨）、乌兰察布市（1.0亿吨）排名前六。在我国地级以上城市公路货运量百强排名中，鄂尔多斯排名第二，赤峰排名第五十七。

内蒙古作为国家重要能源和战略资源基地、国家重要农畜产品生产基地，有庞大的刚性运输需求，有完整的上下游供应链。以鄂尔多斯为中心的呼包鄂银榆地区为我国能源重化工核心区域，区域内有色金属、农产品、铁矿石、煤炭等大宗商品流动，运输量数十亿吨，涉及运输费用支出超过千亿元，为全国之最。通过网络货运平台进行的大宗商品交易、运输、仓储等占公路货运的85%以上。

支持网络货运发展，是整个社会经济长远高质量发展的需要。为深入贯彻党中央国务院关于“互联网+”高效物流及促进平台经济规范健康发展的重要部署，落实自治区党委、政府关于发展平台经济、培育现代物流市场新业态的工作要求，推动网络货运规范、健康、持续发展，我们需要从思想上、政策上、监管上进行认识、规范与引导。

1. 政府主导，建设网络货运平台

（1）由自治区政府主导，培育3—5家自治区龙头企业。理论上讲，我区有一个超大规模网络货运云平台就足够了。但从现实来讲，很多平台有心无力。调研中了解到，其他省市往往对本地龙头骨干企业支持力度较大。建议引进中央企业或自治区国有企业（如中储智运、神华）参与建设的千亿级综合智慧网络货运平台；重点培育有实体产业依托的本土网络货运龙头企业“智改数转”。

（2）建设呼包鄂乌大物流平台。建议根据产业布局及优势，分类规划不同类别的网络货运平台，一体化建设呼包鄂乌大物流服务平台（增加包头市、赤峰市为网络货运试点城市）。如支持呼和浩特市依托网络货运数字产业园打造综合物流“总部经济”；支持包头市搭建串联钢铁等大宗商品上下游的综合物流平台；支持鄂尔多斯市打造泛交通运输产业数字化转型示范企业；支持乌兰察布市建设集多式联运、国际运输等业务在内的综合物流平台；鼓励其他盟市积极培育本土龙头现代物流企业。通过规模化经营提高物流服务的标准化、网络化水平，推进现代物流业高质量发展。

2. 加大政策支持力度，扶持网络货运平台

（1）出台《内蒙古自治区网络货运产业试点工作考核办法》，全面贯彻落实自治区党委和政府关于推动网络货运产业规范健康持续发展工作要求。加强自治区人民政府对自治区各网络货运产业试点盟市人民政府网络货运工作的考核。突出工作重点，注重工作过程，强化责任落实。

（2）加大财政支持力度。财政奖补，填平税收洼地是最重要的选择。建议将市县奖补提高到 90% 以上；以不低于 10% 的增幅逐年增加网络货运产业发展资金额度；尽快完善盟市层面配套支持措施，确保自治区奖补资金精准投向网络货运行业。

（3）落实税收支持政策。落实〔2020〕405 号文件，支持由货运司机按规定自行申报缴纳经营所得个人所得税；开展网络货运平台代开发票试点；将各家网络货运企业的平台数据与税务系统对接。

（4）完善金融信贷支持政策。鼓励银行等金融机构在依法合规、风险可控的前提下适度扩大网络货运企业信贷投放，并运用大数据、云计算等科技手段创新推出特色信贷产品。鼓励和引导保险、融资租赁等机构加大对网络货运企业融资支持力度。

3. 整合资源，多方面引导网络货运平台

（1）优化资源配置。依托互联网平台优化货源、运输资源配

置，推动网络货运企业与工矿、大宗商品及运输服务等企业对接，引导更多工矿企业、大宗商品运输业务上平台交易，提升车、货平台交易比重，降低空返率、减少运输成本。充分发挥网络货运资源集聚等优势，鼓励网络货运企业开展中短途、绿色农产品及城市配送等小散货物运输。

(2) 创新服务模式。引导网络货运企业开展“互联网 +”车货匹配、运力优化、运输协同、仓储交易等业态模式创新。鼓励网络货运企业积极参与我区公路货运枢纽建设，加强与货运枢纽、仓储企业等合作，延伸网络货运产业服务链。鼓励网络货运企业拓展服务功能，向水路运输、车辆后市场等领域延伸，实现集约化、规模化发展。鼓励网络货运企业参与创建多式联运示范工程，推进货运降本增效。

(3) 引导运输车辆加入网络货运平台。推进网络货运企业提升服务能力，规范市场经营行为，提高安全运营水平，积极引导、吸引更多的传统货运企业和货运车辆、驾驶员依托网络货运平台开展运输，提高营运货车接入网络货运平台比例。

(4) 开展网络货运区块链技术应用试点。选择部分企业开展区块链技术在网络货运中数据存真验真试点，对参加试点的企业优先纳入货运司机代开发票试点范围，实现真正的“五流”合一，防止造假，确保业务真实，数据安全。鼓励支持为网络货运领域提供区块链信息应用服务的企业进行区块链信息服务备案。行业内高质量发展的企业，应逐步将业务向智慧场站、工厂、园区的建设方向引领，实现为地方政府、客户企业搭建数智管理平台的能力，向供应链、车联网、物联网趋势过渡，满足区块链发展的战略需求。

4. 加强政府监管，强化部门协同共治

首先，提升数字化监管服务水平。由于地区经济发展水平、政府财力、政策认知水平等差异，并不是所有的地区都能制定出有力度的奖补政策。疫情后县域之间、市域之间、省域之间招商引资压力也与日俱增。因此，作为招商引资的配套政策，作为地方竞争的重要筹码，考虑发展数字经济、平台经济的包容审慎态度，奖补政策是会长期存在的。全国范围内“一刀切”停止奖励政策的情况应该不会出现，会呈现出此起彼伏的状态。目前，我区缺乏连接跨界主体、集聚各类资源的千亿级一流智慧物流平台，没有形成涵盖生产制造业、商贸企业、物流企业、金融企业、各政府部门等集成化供应链生态。今后，要按照自治区政务数据共享交换平台建设要求，打造交通运输、税务、市场监管、公安等部门数据互通、信息共享的行业监管服务平台，实现业务流、信息流、资金流、票据流、货物轨迹流等数据“五流合一”、综合监管。

其次，强化部门协同共治。加强交通运输、税务、市场监管、公安等部门协调配合，指导各盟市依法查处套取专项资金、虚开发票以及利用垄断地位排斥和限制竞争、发布虚假货源信息、随意压价、拖欠运费、危害网络信息安全等违法违规行为，切实维护市场公平竞争秩序以及平台各市场主体、从业人员的合法权益，保障网络和数据安全。

（三）科学编制地方财政预算，提前谋划应急工作

财政部门应该主动担当作为，坚持将应急和安全管理作为预算优先保障领域，强化资金投入，优化政策供给，着力完善应急管理体制机制，牢牢守住安全发展底线。

一是推动应急管理能力提升。足额编制安全生产和应急管理预算，统筹各级财力，着力解决资金碎片化，实现多头汇集，重点发力，集中财力办大事，强化应急设备购置和信息化项目论证

管理，合理做好布局和统筹，防止重复建设，杜绝资源和资金浪费。重点支持安全生产、应急物资储备、防灾减灾救灾、应急救援能力建设、应急演练、自然灾害应急能力提升工程等重点工作。做好消防救援队伍和综合应急救援队伍运转经费保障，及时充实补充救援物资，进一步提升安全风险防范能力。

二是加大应急演练保障力度。在加大应急演练保障力度方面，我们应积极与应急管理、安全生产、防灾减灾等相关部门进行深入沟通与协作。通过统筹整合镇街和企业的资源，形成强大的合力，以优化资金需求并合理安排经费。我们将同步推进各项工作，确保上下贯通、协调一致的工作格局得以实现。为了推动应急演练常态化，我们需要进一步推动建成一个组织指挥高效、统筹机制健全、风险防范精准的基层应急管理体系。这个体系将具备以下特点：一是组织指挥高效，能够迅速响应各类突发事件；二是统筹机制健全，能够有效整合各方资源，形成合力；三是风险防范精准，能够提前预测和评估潜在风险，制定相应的应对措施。

三是强化资金全流程监管。健全完善专项资金管理制度，全面落实应急管理政策要求，综合运用检查核查、评估评价和调查研究等方式开展财会监督，强化专项资金日常监督，规范财经秩序，确保专款专用；依托预算管理一体化系统，按照专项资金管理要求，对安全监管工作经费、自然灾害应急能力提升资金、自然灾害救灾资金等专项资金进行全面监督管理，常态化开展财会监督，及时发现问题，堵塞漏洞。全面开展专项资金绩效管理，结合应急管理工作特点，对入库项目绩效目标进行严格把关审核，指导做好绩效自评、绩效监控、绩效评估等工作。严格绩效结果运用，推动绩效问题整改，压实项目实施单位主体责任，全面提升应急领域绩效管理水平。

参考文献

[1] 白彦锋，鲁书伶．后疫情时代财政收支短期挑战及长期形势展望[J]．财政研究，2020（02）：11－31．

[2] 白彦锋．疫情冲击之下我国的财税政策[J]．财政监督，2020，No.470（08）：38－43．

[3] 边慧敏，王振耀，王浦勒，冯燕．灾害应对中的社会管理创新[M]．北京：人民出版社，2011．

[4] 财政部．2020年上半年中国财政政策执行情况报告[R/OL]．http：//www.mof.gov.cn/zhengwuxinxi/caizhengxinwen/t20200806_36343.htm．2020－08－06．

[5] 财政部．按照国务院部署，财政部紧急下拨湖北省新型冠状病毒感染的肺炎疫情防控补助资金10亿元[EB/OL]．http：//www.mof.gov.cn/zhengwuxinxi/caizhengxinwen/202001/t20200123_3463972.htm．2020－01－23．

[6] 财政部．财政部预拨今年疫情防控补助资金44亿元[EB/OL]．http：//www.mof.gov.cn/zhuantihuigu/yqfk/spbdd/t20200220_3472293.htm．2020－02－20．

[7] 财政部．关于2019年中央和地方预算执行情况与2020年中央和地方预算草案的报告[R/OL]．http：//www.gov.cn/xinwen/2020－05/30/content_5516231.htm．2020－05－30．

[8] 蔡昌，徐长拓，王永琦．新冠肺炎疫情防控的财税对策研究[J]．税收经济研究，2020，25（02）：10－9．

[9] 蔡志强．社会危机治理——价值变迁与治理成长[M]．上海：

上海人民出版社，2006.

［10］陈治．我国财政应急机制的反思与重构［J］．经济法论坛，2014，13（02）：156－164.

［11］崔军，孟九峰．我国应急财政管理相关问题研究［J］．财经问题研究，2009（03）：105－109.

［12］戴磊．以抗击新冠肺炎疫情为切入点强化区级财政应急资金管理——以A市X区为例［J］．预算管理与会计，2020（03）：30－31＋5.

［13］戴新风．构建公共卫生财政财务保障体系的思考［J］．地方财政研究，2005（09）：51－52.

［14］刁姝杰，匡海波，孟斌等．基于前景理论的LSSC服务质量管控策略的演化博弈分析［J］．中国管理科学，2021，29（07）：33－45.

［15］樊晶晶，吴健．应急管理能力建设：监督还是投入？——基于动态博弈的路径分析研究［J］．决策与信息，2023（04）：79－96.

［16］冯博览．公共选择理论视域下地方公共卫生财政预算优化［J］．经济研究导刊，2023（02）：86－88.

［17］冯俏彬．新冠疫情折射下的我国应急财政管理制度［J］．财政科学，2020（04）：14－20.

［18］付帮霄．突发公共卫生事件的财政应急机制研究［D］．东北财经大学，2020.

［19］高晓宁，田军，冯耕中．政府委托下应急物资生产能力代储系统激励契约设计［J］．管理工程学报，2019，33（01）：182－188.

［20］龚英，何彦婷，曹策俊．面向重大公共卫生风险治理的应急物流协同演化仿真［J］．计算机应用，2021，41（09）：2754－2760.

［21］巩在武，阳佳琦．考虑灾民心理的多周期应急物资调度不确定规划建模研究［J/OL］．中国管理科学：1－17［2023－07－25］.

［22］谷寒梅．央地应急管理事权与支出责任研究［D］．中国财政科学研究院，2018.

［23］郭虹，庄明．NGO参与汶川地震过度安置研究［M］．北京：北京大学出版社，2009.

[24] 郭俊华，程琼．我国重大自然灾害的财政应急措施研究——以5·12汶川大地震为例 [J]. 上海交通大学学报（哲学社会科学版），2009，17（03）：45－52.

[25] 国家税务局．再帮一把！减税降费新政策为市场主体助添活力 [EB/OL]. http://www.chinatax.gov.cn/chinatax/810219/n810780/c5162204/content.html. 2021－03－10.

[26] 何海燕，张晓甦．危机管理概论 [M]. 北京：首都经济贸易大学出版社，2006.

[27] 洪江．关于突发性公共事件财政救济的几点思考 [J]. 地方财政研究，2008（06）：26－28＋33.

[28] 扈衷权，田军，冯耕中，张玲．协议企业代储模式下应急物资储备策略及采购定价研究 [J]. 系统工程理论与实践，2020，40（03）：605－616.

[29] 扈衷权，田军，王鹏，冯耕中．政企联合储备模式下应急物资储备及采购定价研究 [J]. 系统工程理论与实践，2020，40（12）：3181－3193.

[30] 扈衷权，张琳，宋妍等．考虑损失厌恶偏好的应急物资企业储备模型研究 [J]. 系统工程理论与实践，2023，43（05）：1366－1379.

[31] 贾康，刘尚希．公共财政与公共危机 [M]. 北京：中国财政经济出版社，2004.

[32] 姜秉辰．巨灾情境下中国财政应急机制研究 [D]. 吉林大学，2016.

[33] 雷晓康，周文光．基于网络平台的应急物资市场化机制构建研究 [J]. 四川大学学报（哲学社会科学版），2019（02）：103－111.

[34] 李丽萍．加强应急财政监督的有效性建议分析 [J]. 中国集体经济，2017（36）：85－86.

[35] 李楠楠．府际财政应急援助的“软法”治理 [J]. 税收经济研究，2023，28（01）：77－84.

[36] 李胜．应急财政现代化的理论意蕴与实践路径：基于风险治理

的视角［J］．现代经济探讨，2022（11）：52－62.

［37］廖奎．完善财政应急管理机制的思考［J］．中国财政，2010（10）：53－54.

［38］刘成奎．新冠肺炎疫情后中国应对突发公共卫生事件的财政政策思考［J］．财政监督，2020（09）：12－15.

［39］刘德海，赵宁，邹华伟．环境污染群体性事件政府应急策略的多周期声誉效应模型［J］．管理评论，2018，30（09）：239－245.

［40］刘德海，赵悦，贺定超．我国“政府主导－社会参与”救灾体制改革的演化路径分析［J］．运筹与管理，2022，31（11）：52－58.

［41］刘慧娴．前十个月财政收支情况持续向好［N］．中国财政．2020－11－19（007）.

［42］刘荣，陈华．公共危机财政应急机制构建：以汶川地震为例［J］．地方财政研究，2008（06）：15－20.

［43］刘尚希，陈少强．构建财政应急反应机制［J］．财政研究，2003（08）：15－20.

［44］刘尚希，赵劲松．在公共风险视角下深入构建财政应急管理机制［J］．贵州财经大学学报，2023（03）：1－6.

［45］刘诗娇．突发公共事件财政应急机制分析——以汶川大地震为例［J］．金融经济，2009（12）：67－68.

［46］刘童．突发公共事件中应急财政资金和捐赠物资审计问题研究［D］．江西财经大学，2023.

［47］刘阳，田军，冯耕中等．考虑补贴约束的应急设备储备系统激励模型［J］．系统工程理论与实践，2019，39（09）：2330－2344.

［48］刘阳，田军，冯耕中等．基于政企委托代理关系的应急设备储备系统激励模型［J］．系统管理学报，2020，29（05）：833－846.

［49］刘奕，翁文国．城市安全与应急管理［M］．中国城市出版社，2012.

［50］楼继伟，王军．中国财政［M］．北京：人民出版社，2006.

［51］马蔡琛，白铂．财政预备费绩效管理的现实挑战与路径选择

[J]. 财政监督，2023 (14)：28 - 34.

[52] 马海涛，安秀梅. SARS 考验中国财政“免疫力”[J]. 铜陵学院学报，2003 (04)：7 - 9 + 13.

[53] 马海涛，姚东旻，于曙光. 我国财政安全的内涵、挑战和实现路径：基于总体国家安全观视角 [J]. 经济理论与经济管理，2024，44 (05)：9 - 24.

[54] 马亚辛. 突发公共卫生事件下小微企业租金减免的法律思考 [D]. 华中师范大学，2023.

[55] 欧阳若澜. 关于巨灾中应急财政资金的投向研究——以汶川地震为例 [J]. 中外企业家，2009 (18)：67.

[56] 潘光. 当代国际危机研究 [M]. 北京：中国社会科学出版社，1989.

[57] 人民网. 审计署部署开展新型冠状病毒感染肺炎疫情防控财政资金和捐赠款物审计监督 [EB/OL]. https：//baijiahao. baidu. com/s?id = 1657952670206960590&wfr = spider&for = pc. 2020 - 02 - 08.

[58] 任斌，朱昌锋，钟校. 基于前景理论的应急物资需求动态调整模型 [J]. 中国安全科学学报，2018，28 (03)：179 - 184.

[59] 任志安，夏宇航，廖信林等. 重大突发事件对经济高质量发展的影响——机理探究、时空规律与应对策略 [J]. 工业技术经济，2023，42 (03)：135 - 150.

[60] 邵舒羽，刘艳，王晴等. 非常规突发事件下应急物资储备政企协同演化博弈 [J]. 中国安全科学学报，2023，33 (04)：210 - 220.

[61] 申铖，武思宇. 2 万亿元中央财政资金直达基层刷新中国财政纪录 [N]. 新华社. 2020 - 11 - 10 (003).

[62] 宋英华，桑小艳，王喆等. 基于演化博弈的应急医疗物资质量保障策略研究 [J]. 中国安全生产科学技术，2022，18 (05)：31 - 39.

[63] 宋之杰，陆静. 试论我国财政的应急反应机制：源于四川地震的思考 [J]. 燕山大学学报，2009 (03)：263 - 270.

[64] 孙开. 应急财政资金的保障机制与制度化管理研究 [J]. 财贸

经济，2013（03）：17.

［65］孙琳．重大灾害性事件中公共财政应急反应机制研究［D］．导师：罗若愚．电子科技大学，2010.

［66］谭德庆，徐浩．基于前景理论的环境污染群体事件演化均衡分析［J］．运筹与管理，2020，29（05）：161－170.

［67］完善财政应急管理保障体系推进应急管理事业高质量发展［J］．中国财政，2023（10）：18－20.

［68］汪越，刘明，曹杰．突发公共卫生事件下政企采购策略微分博弈分析［J］．运筹与管理，2024，33（05）：112－117.

［69］王付宇，葛雪飞，王欣蕊等．不确定情景下考虑灾民感知的应急物资调度研究［J/OL］．安全与环境学报：1－14［2024－01－16］.

［70］王敏．突发公共卫生事件情境下基于群体恐慌情绪的应急防护物资管理演化分析［J］．运筹学学报，2023，27（01）：30－42.

［71］王敏．应急管理财政政策的国际经验及启示［J］．财政科学，2020（04）：55－61.

［72］王晓洁，陈肖肖．应对新冠肺炎疫情：国家治理现代化的新挑战——财政视角［J］．财经智库，2020，5（02）：83－100＋142－143.

［73］王彦平，陶慧芳．公共危机状态下超大城市财政韧性体系的现实梗阻与优化提升［J/OL］．兰州财经大学学报，1－14［2024－10－07］．http：//kns. cnki. net/kcms/detail/62. 1213. F. 20240319. 1658. 032. html.

［74］王泽彩，王敏．创新应急管理财政政策的若干思考［J］．中国行政管理，2020（05）：86－90.

［75］魏加宁．危机与危机管理［J］．管理世界，1994（06）：54－58.

［76］［德］乌尔里希贝克．世界风险社会［M］．吴英姿、孙淑敏译，南京：南京大学出版社，2004.

［77］武必娇．突发公共卫生事件下减税降费政策实践与效果研究［D］．云南财经大学，2023.

［78］谢婧．突发重大自然灾害的公共财政应急机制研究［D］．导师：何振．湘潭大学，2012.

［79］新华网．全国各级慈善组织、红十字会接受社会捐赠的资金约292.9亿元［EB/OL］．http：//www.xinhuanet.com/politics/2020－03/09/c_1125684588.htm.2020－03－09.

［80］许安拓．积极的财政政策促进经济恢复增长［N］．人民论坛，2020－06－3（001）．

［81］许文惠，张成福．危机状态下的政府管理［M］．北京：中国人民大学出版社，1998.

［82］薛澜，刘冰．应急管理体系新挑战及其顶层设计［J］．国家行政学院学报，2013（02）：21.

［83］薛澜，张强，钟开斌．危机管理：转型期中国政府面临的挑战［M］．北京：清华大学出版社，2003.

［84］杨璐，张成科，庄媛，等．考虑政府参与低碳供应链的不确定微分博弈研究［J］．财经理论研究，2024（03）：1－9.

［85］杨曼，刘德海，李德龙．政企实物－生产能力应急物资储备与采购定价的微分博弈模型［J］．管理评论，2023，35（09）：274－286.

［86］游志斌．当代国际救灾体系比较研究［M］．北京：国家行政学院出版社，2011.

［87］余华茂．中国应急公共投入效率研究［D］．江西财经大学，2019.

［88］张驰．应对自然灾害的事权与支出责任划分研究［D］．财政部财政科学研究所，2015.

［89］张琳，田军，党创寅，等．企业应急物资轮换更新行为与政府监管博弈分析［J］．系统工程理论与实践，2018，38（10）：2611－2619.

［90］张维平．政府财政应急风险预警管理的主要问题与对策创新［J］．中国行政管理，2015（01）：126－132.

［91］张旭，刘佳宁．重大突发公共卫生事件财政应急机制研究［J］．内蒙古财经大学学报，2021，19（03）：122－124.

［92］张学诞，邬展霞．构建适应中国特色应急管理需求的财政治理体系［J］．财政研究，2020（04）：22－34.

[93] 张有洋，朱昌锋，韩桴．异质决策者划分下应急物流路径多准则群决策［J］．中国安全科学学报，2020，30（01）：168－173.

[94] 赵歌今，步连增，吴大明，赵晓．国外应急管理体制特点及启示［J］．中国应急管理，2018（05）：5－7.

[95] 赵要军，陈安．财政应急支持体系构建：以云南大姚地震为例［J］．西北地震学报，2008（02）：113－116.

[96] 赵要军，陈安．地震类重大突发事件中的财政应急机制［J］．自然灾害学报，2010，19（01）：97－103.

[97] 赵哲耘，刘玉敏，刘莉．基于前景理论的药品质量安全监管演化博弈分析［J］．运筹与管理，2022，31（10）：75－81.

[98] 郑洁．突发公共事件的财政应急管理机制研究［J］．财经问题研究，2013（04）：77－82.

[99] 郑彦辉，朱昌锋，王庆荣等．考虑有限理性的应急物资博弈调配双目标优化［J］．中国安全科学学报，2020，30（11）：168－174.

[100] 郑彦辉，朱昌锋，王啸．基于双层规划的应急物资调配研究［J］．中国安全生产科学技术，2020，16（05）：25－31.

[101] 中国保险行业协会．"抗击疫情，保险业在行动"5月22日简报［R/OL］．http：//www.iachina.cn/art/2020/5/22/art_22_104485.html. 2020－05－22.

[102] 中华人民共和国中央人民政府．全国各级财政安排疫情防控投入达1169亿元［EB/OL］．http：//www.gov.cn/xinwen/2020－03/15/content_5491446.htm. 2020－03－15.

[103] 钟开斌．突发公共事件中的应急财力保障与多元责任分担［J］．改革，2008（07）：144－150.

[104] 周克清，李霞．新时代财政应急保障机制研究［J］．财政科学，2020（03）：30－37＋48.

[105] 周克清．论我国应灾性预算制度的软肋及其完善［J］．中央财经大学学报，2010（02）：1－5.

[106] 周克清．频繁灾害下的财政制度与政策选择——兼论汶川震后

之重建策略［J］. 农村经济，2009（03）：2－6.

［107］周珊珊. 刷新中国财政纪录！2万亿元中央财政资金直达基层［N］. 北京日报. 2020－11－10（006）.

［108］周亦宁，刘继才. 考虑上级政府参与的PPP项目监管策略研究［J］. 中国管理科学，2023，31（02）：84－94.

［109］朱德武. 危机管理——面对重大突发事件的抉择［M］. 广州：广东经济出版社，2002.

［110］朱华桂，吴丹. 基于演化博弈的政府－社会组织应急管理合作持续性研究［J］. 风险灾害危机研究，2020（02）：112－133.

［111］朱建刚，卜超，胡明. 责任·行动·合作——汶川地震中参与个案研究［M］. 北京：北京大学出版社，2009.

［112］朱青. 防控"新冠肺炎"疫情的财税政策研究［J］. 财政研究，2020（04）：19－20.

［113］卓志，段胜. 中国巨灾保险制度：政府抑或市场主导？——基于动态博弈的路径演化分析［J］. 金融研究，2016（08）：85－94.

［114］Artioli Francesca. The unspoken political choices and distributional effects of land－based solutions［J］. Land Use Policy，2021，4（104）.

［115］Beamon B M. Humanitarian relief chains：issues and challenges［C］// Proceedings of the 34th International Conference on Computers and Industrial Engineering. Seattle，WA：University of Washington，2004，34：77－82.

［116］Bengt Sundeliu. A Network Flow Approach to a City Emergency Evacuation Panning［M］. International Journal of Emergency，2005.

［117］Cantillon Bea，SeeleibKaiser Martin，Veen Romke. The COVID－19 crisis and policy responses by continental European welfare states［J］. Social Policy & Administration，2021，55（2）.

［118］Chidwick HannahMarie. CRISES IN THE ANCIENT WORLD［J］. The Classical Review，2021，71（1）.

［119］Cigler Beverly. An Emergency and Public Administration［M］. Thomas Publisher，1998.

[120] Crismart HD. Opportunity Cost – based Models for Traffic Incident Response Problem [M]. Journal of Transportation Engineering, 2005.

[121] Egan M J. Private goods and services contracts: Increased emergency response capacity or increased vulnerability [J]. International Journal of Production Economics, 2010 (126): 46 – 56.

[122] EL Quarantelli. Helping Behavior in Large Scale Disasters [M]. San Francisco, CA, ossey – Bas, 1980.

[123] Guangsheng Z, Xiao W, Zhiqing M, et al. Operation decision of logistics service supply chain: considering interruption probability in emergencies [J]. Kybernetes, 2023, 52 (1).

[124] Hu de. Contingency and Design: Contemporary Debate son Risk Management [C]. Oxford University Press, 1985.

[125] Jiaming Z, Tao W. Urban resilience under the COVID – 19 pandemic: A quantitative assessment framework based on system dynamics [J]. Cities, 2023, 136.

[126] Junlin C, Zewu J, Xiaobo Z, et al. Supply chain contracting with asymmetric cost information and behavioral preferences: Theory and experiment [J]. Omega, 2024, 122.

[127] Kahneman D, Tversky A. Prospect theory: an analysis of decision under risk [J]. Econometrica, 1979, 47 (2): 263 – 291.

[128] Landesma. Crisis Management for Managers and Executives [M]. Financial Times Professlona, 2001.

[129] Lunawat R. Reputation Effects of Information Sharing [J]. Journal of Economic Behavior & Organization 2016, 131: 75 – 91.

[130] Rieger M, Wang M. Prospect theory for continuous distribution [J]. Journal of Risk and Uncertainty, 2008, 36 (1): 83 – 102.

[131] Schwenoha Simon. International Crisis Group: Taking Stock of the Taliban's Perspectives on Peace. Brüssel, Augusl 2020 [J]. SIRIUS – Zeitschrift für Strategische Analysen, 2020, 4 (4).

[132] Shim K. J, Yang S. U. The Effect of Bad Reputation: The Occurrence of Crisis, Corporate Social Responsibility, and Perceptions of Hypocrisy and Attitudes Toward a Company [J]. Public Relations Review, 2016, 42 (1): 68 -78.

[133] Tomas Drabek, Gerard Hoetmer. Emengercy Management: Principles and Practice for Local Goverment [M]. International City County Management Assn, 1991.

[134] Tversky A, Kahneman D. Advances in prospect theory: Cumulative representation of uncertainty [J]. Journal of Risk and Uncertainty, 1992, 5 (4): 297 -323.

[135] Wu X, Yang M, Wu C, et al. How to avoid source disruption of emergency supplies in emergency supply chains: A subsidy perspective [J]. International Journal of Disaster Risk Reduction, 2024, 102.

[136] Yang L, Jun T, Ning Y. Emergency supplies prepositioning via a government - led supply chain with a loss - averse supplier with anchoring [J]. Computers & Industrial Engineering, 2023, 182.

[137] Yumeng W, Xihua Z, Gang B, et al. [J]. Mathematical Problems in Engineering, 2022, 2022.

[138] Zhang Z, Wang L, Lai J, et al. A Dynamic Emergency Plan Generation Method Considering Different Situations and Limited Resources [J]. Sustainability, 2023, 15 (7).

后　记

2024 年是中华人民共和国成立 75 周年，75 载岁月峥嵘，75 载风雨兼程。75 年来，新中国在风雨中砥砺前行，经历了无数次的重大突发事件，每一次都考验着这个国家的韧性和智慧。从战争的硝烟到自然灾害的肆虐，从经济危机的冲击到全球疫情的蔓延，新中国始终坚守初心，勇往直前，书写了一部波澜壮阔的历史篇章。应急管理是国家治理体系和治理能力的重要组成部分。新中国成立 75 年来，随着经济社会不断发展和国家治理体系不断完善，我国应急管理工作在管理理念、管理方式、管理主体、管理过程、管理制度、管理保障等方面都发生了重大变化，朝着应急管理体系和应急管理能力现代化的目标不断迈进。2024 年 6 月 28 日新修订的《中华人民共和国突发事件应对法》高票通过，自 2024 年 11 月 1 日起施行。本次修订坚持人民至上、生命至上，完善了突发事件应对的治理体系，规范了媒体、社会组织、公民等依法有序参与，加强了基本人权保障，有助于推动法律的制度优势转化为治理效能，提高防灾减灾救灾和重大突发公共事件处置保障能力，加快在法治轨道上推进应急管理体系和能力现代化。盛世华诞，举国同庆，祝愿国泰民安，繁荣昌盛！

本书是内蒙古自治区高等学校科学研究重点项目（NJSZ21013）研究成果。从前期资料收集到最终定稿历时 3 年多，工作量很大，但也收获颇多。本书的策划、写作、装帧设计都经过了反复论证与多套方案的修改，经典文献与文字校对也都反复审阅，力求精准。

本书由安锦教授制定编写大纲并提出具体写作要求，由徐跃、徐博、刘一楠参与共同完成。参加本书撰写的专家、学者、学生有何贵谦、王巍、梁小梅、孔令媛、徐建琦、杨松桥、王天莹、李永欣、王雪莹、侯永胜、路曼等。其中何贵谦完成2.1万字，王巍完成2.1万字，梁小梅完成3万字，孔令媛完成3万字，全书由安锦、徐跃统稿。

本书的编写过程中吸收了众多相关专家学者的研究成果，对书中引用的所有作者表示深深的谢意。由于我们组织策划和学识水平有限，书中难免有疏漏，恳请广大读者批评指正。

编　者

2024年12月18日